Saskia Gießen

Hiroshi Nakanishi

Office 365

Eine praxisorientierte Einführung in die wichtigsten Apps von Office 365

Saskia Gießen

Hiroshi Nakanishi

Office 365

Eine praxisorientierte Einführung in die wichtigsten Apps von Office 365

Inhaltsverzeichnis

Vorwort

Wir arbeiten schon seit sehr langer Zeit mit Microsoft Office. Wir kennen Word, Excel, PowerPoint und weitere Anwendungen, die im Laufe der Jahre hinzugekommen sind und sich an vielen Stellen durch Updates verbessert haben.

Seit einiger Zeit gibt es Office 365 und seit April 2020 auch unter dem neuen Namen „Microsoft 365". Wir nennen das Software-System in diesem Buch weiterhin unter dem alten Namen „Office 365", solange der Einstieg über die Webadresse Office.com funktioniert.

Als Office-Anwender mit Erfahrung „dachten" wir zunächst, dass es nur ein aufgepeppter Name für die bereits etablierten Programme (Apps) in einem neuen Gewand ist. Aber der Wechsel zu Office 365 ist jedoch ein „Systemwechsel". Daher stellte sich die Frage:

Was ist Office 365 und was bedeutet die Umstellung für den Anwender?

Genau diese Frage und den veränderten Umgang mit Dokumenten und Apps möchten wir mit diesem Buch erläutern. Es ist an die Anwender im privaten Bereich, in Bildungseinrichtungen und in Unternehmen gerichtet, die in Office 365 einsteigen und bietet einen ersten Einblick ist das Thema. Microsoft arbeitet permanent an den Apps zu Office 365. Es kann sein, dass sich die Bezeichnungen für Befehle ändern.

Dabei legen wir großen Wert auf das Verständnis zu den Themen OneDrive und SharePoint. Es geht unter anderem darum, wofür diese neuen Apps stehen und wo der Unterschied zu den herkömmlichen Speicherorten liegt.

Unser besonderer Dank gilt Frau Sabine Hamacher, die mit ihren Tipps zum Gelingen dieses Buches beigetragen hat.

Wir wünschen Ihnen viel Spaß beim Einsatz der neuen modernen Arbeitsumgebung.

Köln, im Januar 2021

Saskia Gießen & Hiroshi Nakanishi

1 Erste Schritte in Office 365

Mit Office 365 hat Microsoft den Einsatz der Anwendungsprogramme auf eine neue Ebene gehoben. Ihnen werden nicht nur wie gewohnt die Programme auf Ihren PC bereitgestellt, sondern zusätzliche Dienstleistungen, wie z.B. das Speichern Ihrer Dateien in der Cloud. Das ist in der digitalen Welt erforderlich, denn Sie erstellen und bearbeiten Ihre Dateien nicht mehr allein auf Ihrem Rechner. Heute ist es häufig notwendig, Ihre Dateien mit Kollegen gemeinsam zu nutzen. Bisher war es üblich, die Dokumente zur Ansicht und Bearbeitung per E-Mail zu versenden. Dies hat den Nachteil, dass Sie dann nicht mehr an der Datei weiterarbeiten konnten, um dem Empfänger die Zeit zu geben, den aktuellen Stand zu prüfen und ggf. zu überarbeiten. Noch aufwendiger war es, wenn mehrere Bearbeiter gleichzeitig die Datei zur Bearbeitung erhielten. Die unterschiedlichen Bearbeitungsstände wieder zu synchronisieren war sehr mühselig. Die gute Nachricht: Das alles ist mit Office 365 Geschichte.

1.1 Die Anmeldung am Office 365-Konto

Wenn Ihnen Office 365 zur Verfügung steht, können Sie sich mit Ihrem Konto über die Webseite anmelden:

- Öffnen Sie die Microsoft Seite, indem Sie in der Adresszeile Ihres Browsers **Office.com** eingeben.

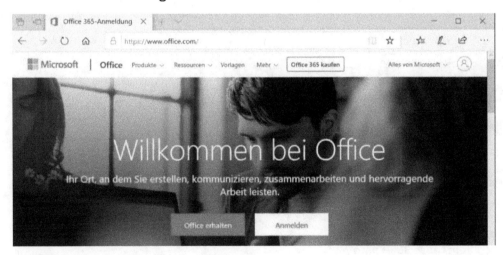

Abbildung 1-1: Die Anmeldeseite von Office 365

- Klicken Sie auf **Anmelden**.

WICHTIG!

Für die Anmeldung müssen Sie über ein Microsoft Office 365-Konto verfügen.

Wenn Sie sich bereits an diesem Computer angemeldet haben, können Sie die angebotene Anmeldeinformation verwenden.

Abbildung 1-2: Anmeldeinformationen auswählen oder ein anderes Konto wählen

Nach der Prüfung der Anmeldedaten befinden Sie sich auf der Startseite Ihrer Office-Lizenz. Die verfügbaren Apps werden angezeigt.

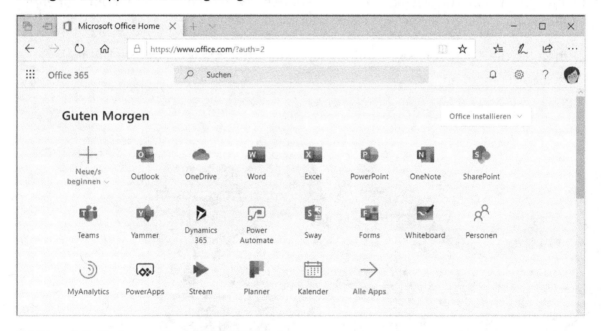

Abbildung 1-3: Die Apps zu Ihrem Office 365-Konto

Ihre Lizenz kann mehr oder weniger Apps enthalten.

Mein Office Konto

Einstellungen zum Office-Konto erhalten Sie, wenn Sie auf Ihre Initialen oder das eingestellte Profilbild klicken.

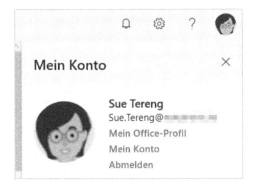

Abbildung 1-4: Einstellungen zum eigenen Konto

Der Befehl **Mein Konto** zeigt wichtige Informationen zu persönlichen Angaben der Office-Lizenz und den Sicherheitseinstellungen. Über den Befehl **Mein Office-Profil** gelangen Sie zu der App **Delve**, die umfangreichen Informationen zu Ihrem Unternehmens-Account anzeigt.

An dieser Stelle finden Sie auch den Befehl, um sich ordnungsgemäß von Ihrem Office-Account abzumelden.

1.2 App-Launcher statt Datei-Menü

Es gibt viele Icons und Befehle auf der Startseite. Eine zentrale Schaltfläche finden Sie an der linken oberen Ecke, das App-Launcher Icon mit neun Punkten.

Abbildung 1-5: Der App-Launcher sieht aus wie ein Muffin-Blech

Wenn Sie auf den App-Launcher klicken, klappt ein Menü mit weiteren Befehlen auf.

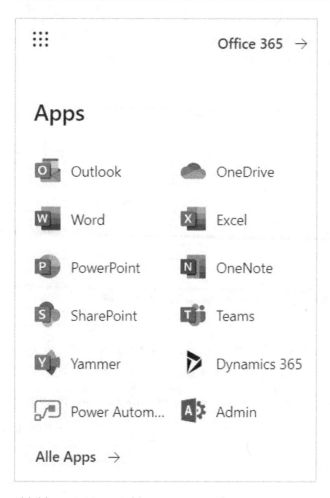

Abbildung 1-6: Auswahl am App-Launcher

Klicken Sie auf **Alle Apps**, um die Liste der Apps zu sehen, die Ihnen zur Verfügung steht.

2 Outlook

Microsoft Outlook gibt es schon seit über 20 Jahren und ist für die meisten Anwender das "E-Mail-Programm". Mit Office 365 wird hinter der Programmoberfläche von Outlook ein Postfach auf dem sogenannten "Exchange-Server" bereitgestellt. Die Outlook-App spielt im Office 365 Systemumfeld eine zentrale Rolle. Es agiert als Schaltzentrale zwischen den Apps, wenn die Apps untereinander Nachrichten senden.

Beim Einsatz der Office-Apps wird der Benutzer an verschiedenen Stellen schriftlich per E-Mail benachrichtigt. So erhalten Sie beispielsweise Benachrichtigungen per Mail in folgenden Situationen:

- wenn Ihnen im OneDrive eine Datei oder ein Ordner freigegeben wurde
- wenn Sie eine Einladung zu einen Online-Meeting erhalten
- wenn Ihnen in der Planner-App eine Aufgabe zugewiesen wurde
- wenn Sie in ein neues Team aufgenommen wurden
- wenn in Teams eine Erwähnung vorgenommen wurde und Sie den Hinweis nicht lesen konnten

2.1 Die Outlook-App

Wenn Sie intensiv mit Outlook arbeiten, setzen Sie am besten die Outlook-Desktop-App ein. Ihr Personal-Information-System "Outlook" stellt dabei nicht nur den E-Mail-Verkehr, sondern weitere Funktionen zur Verfügung. In Outlook finden Sie die folgenden Bereiche:

Abbildung 2-1: Outlook vereinigt verschiedene Arbeitsbereiche in einer App

In diesem Kapitel erhalten Sie einen kleinen Überblick zu den wichtigen Outlook-Bereichen Posteingang, Kalender und Aufgaben, die Verbindungen zu den anderen Office-Apps besitzen.

2.2 Der Posteingang zur Kommunikation per Mail

Im Posteingang verfassen Sie Nachrichten und erhalten E-Mails von anderen Anwendern. Die einzelnen Funktionen von Outlook werden hier nicht weiter im Detail erläutert, da es den Rahmen des Buches sprengen würde.

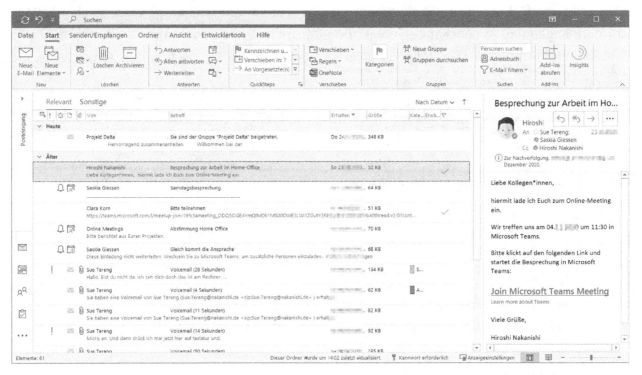

Abbildung 2-2: Der Posteingang in der Microsoft Outlook App

Bei einer E-Mail kann es sich im Office 365 dabei auch um automatisch verschickte E-Mails einer anderen App handeln.

Wenn Sie beispielsweise zur gemeinsamen Arbeit in einer anderen App eingeladen wurden, erhalten Sie vom Office-System eine Bestätigungsmail:

Sie sind der Gruppe "Projekt Delta" beigetreten.

Abbildung 2-3: Eine Benachrichtigung einer anderen Office-App per E-Mail

2.3 Terminplanung über den Kalender

Der Kalender dient zur Abstimmung von Terminen mit Ihren Freunden und Kollegen. Die Einladungen werden in E-Mails gepackt und versendet. Die Empfänger können auf die Einladungen reagieren und den Terminanfragen zusagen oder ablehnen. Wenn Sie eine Einladung erhalten und die Anfrage annehmen, wird der Termin automatisch in Ihren Kalender eingetragen.

Bei den Anfragen kann es sich auch um Terminanfragen zu Online Meetings handeln. Teams stellt dafür eine spezielle Funktion bereit. Über den Schalter "Neue Teams-Besprechung" können Sie andere Teilnehmer des Online-Meetings zu einem bestimmten Termin einladen.

Abbildung 2-4: Eine Besprechung kann aus dem Outlook-Kalender initiiert werden

Für Einladungen zu einem Teams-Meeting können Sie Kollegen im Unternehmen oder externe Gäste einladen. Innerhalb des Unternehmens können Sie die Verfügbarkeit der Mitarbeiter zu einer Besprechung – ob „live" oder „online" - sofort nachschlagen. Bei externen Teilnehmern benötigen Sie nur die E-Mail-Adresse des Empfängers.

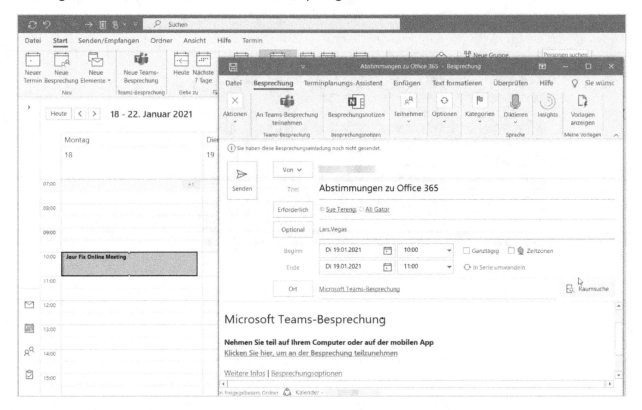

Abbildung 2-5: Beispiel für den Kalender mit einem Termin zu einer Teams-Besprechung

In dem Termineintrag werden automatisch ein Standardtext und der Link zum Teams-Meeting eingefügt.

Abbildung 2-6: *Der Link führt Sie zum Online-Meeting mit der Teams-App*

Der Termin ist dann im Kalender in der Teams-App sichtbar. Weitere Details lesen Sie im Kapitel zu "Teams"

2.4 Aufgaben erfassen

Im Aufgaben-Bereich von Outlook können Sie eine persönliche Aufgabenliste erstellen. Die Einträge werden dann automatisch in der App **To Do** aufgeführt. Aufgaben, die Sie in dieser App erfassen, werden hier angezeigt. Die **To Do**-App wird weiter unten in diesem Buch beschrieben.

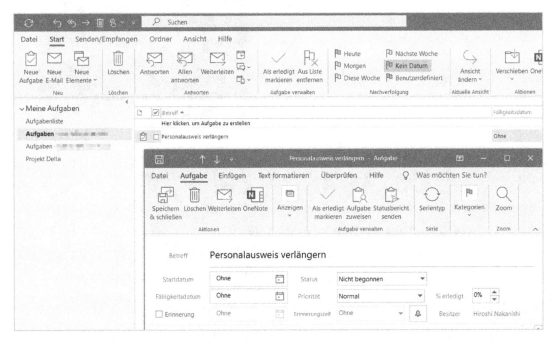

Abbildung 2-7: Wichtige Aufgaben können Sie mit Angabe der Fälligkeit und der Wichtigkeit eintragen.

2.5 Outlook über die Web-App

Sie können auch über den Browser auf Ihre Outlook-Inhalte zugreifen. Melden Sie sich dazu auf Office.com an und klicken Sie auf das Outlook-Icon im App-Launcher.

Abbildung 2-8: Schnell über den Browser auf die E-Mails zugreifen

Danach werden die Inhalte zu E-Mails, Terminen und Aufgaben vom Exchange-Postfach abgerufen.

Abbildung 2-9: Mails, Kalender und Aufgaben sind auch über die Browser-Version verfügbar

Die einzelnen Bereiche von Outlook erreichen Sie über die kleinen Schaltflächen links unten am Fensterrand. In der browserbasierten Version gelangen Sie zu den entsprechenden Office-Apps zu **Mails**, **Kalender**, **Personen** und **To Do**. Neu ist der Bereich **Dateien** mit dem Büroklammer-Icon. Über dieses Icon werden alle Dateien angezeigt, die an den Outlook-Elementen hängen.

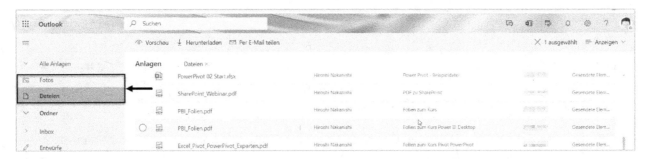

Abbildung 2-10: Über diesen Bereich können Sie gezielt Dateianhänge und Fotos in den Outlook-Elementen suchen

Der Befehl **Fotos** filtert die Bilddateien in den Nachrichten. Verwenden Sie das Suchfeld, wenn Sie nach Dateien in den E-Mails suchen.

3 Teams

Mit der App **Teams** können alle Mitarbeiter im Unternehmen zusammen in Kanälen kommunizieren und Dateien bereitstellen. **Teams** ist eine der Apps, die Sie umsonst auch ohne Office 365-Konto nutzen können.

Hinweis

Da die App **Teams** sehr umfangreich ist, haben wir separate Bücher zu Teams veröffentlicht. Sie können sie über Amazon beziehen. „Microsoft Teams" ISBN-13: 978-1689711661 und „Online Meetings mit Microsoft Teams" ISBN-13: 979-8635045732

3.1 Ein Team erstellen

In diesem Beispiel gibt es noch kein Team und es soll jetzt eines erzeugt werden. Ein Team ist eine Gruppe von Menschen, die Sie mit einem Namen zusammenfassen. Sie als Ersteller dieses Teams entscheiden, wer Mitglied wird.

- Klicken Sie links auf das Icon **Teams** und anschließend unten auf den Bereich **Team beitreten oder erstellen**.

Hinweis

Wenn Sie einen Team-Code und somit eine Einladung in ein Team erhalten haben, geben Sie ihn im Feld **Code eingeben** ein. Damit sind Sie sofort Mitglied in diesem Team und es wird in der Teamsliste angezeigt.

- Um ein neues Team zu erzeugen, klicken Sie auf die Schaltfläche **Team erstellen**.

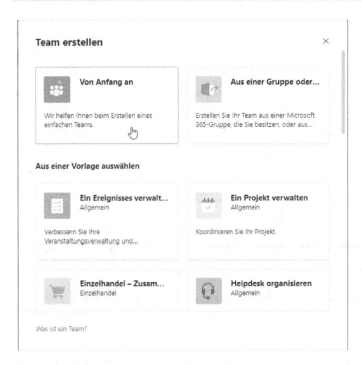

Abbildung 3-1: Ein neues Team anlegen Teams

- Klicken Sie auf die Schaltfläche **Von Anfang an**, um ein individuelles Team anzulegen.

Hinweis

Sie können ein neues Team auch aus einer bereits vorhandenen Personengruppe oder aus einer Vorlage wählen. In den Vorlagen wurden Kanäle und Apps zusammengestellt, die zu den jeweiligen Themen sinnvoll sind. So enthält ein Team für eine Projektverwaltung vier Kanäle: Allgemein, Ankündigungen, Ressourcen und Planung mit den Apps Lists, OneNote, Planner und Wiki.

Die Frage, ob das Team **Öffentlich** oder **Privat** sein soll, müssen Sie für sich beantworten. Allerdings müssen Sie wissen, dass **Öffentlich** bedeutet, dass dieses Team für alle Mitarbeiter Ihres Unternehmens, die ein Office 365-Konto besitzen, sichtbar und somit zugänglich ist.

Abbildung 3-2: Soll das Team privat oder für alle Mitarbeiter sein?

- Klicken Sie auf die große Schaltfläche **Privat**.

- Geben Sie Ihrem Team im Feld **Teamname** eine Bezeichnung.

Im Feld **Beschreibung** können Sie weitere Informationen zu Ihrem Team hinterlegen.

Abbildung 3-3: Der Teamname

- Klicken Sie auf die Schaltfläche **Erstellen**.

Im nächsten Dialog können Sie Mitglieder in Ihr Team einfügen.

- Der Cursor steht bereits im Feld **Beginnen Sie, einen Namen oder eine Gruppe einzugeben**. Tippen Sie die ersten Buchstaben des Namens der Person ein, die Mitglied in Ihrem Team werden soll.

Abbildung 3-4: Die Teammitglieder einladen

- Wenn der gesuchte Name in der Liste erscheint, klicken Sie einmal darauf und klicken Sie auf die Schaltfläche **Hinzufügen**.

Abbildung 3-5: Die Mitgliederliste des Teams

In diesem Schritt können Sie direkt festlegen, welche Rechte jedes Mitglied hat. Ein Besitzer kann Änderungen am Team vornehmen, ein Mitglied nicht.

- Führen Sie diese Schritte für alle Mitglieder durch. Sie können auch später weitere Mitglieder hinzufügen.

- Klicken Sie auf die Schaltfläche **Schließen**.

⌐ **Tipp**

Um Änderungen am Team vorzunehmen, benötigen Sie die Rechte **Besitzer**. Zeigen Sie auf das Team, klicken Sie auf die drei Punkte und wählen Sie den Eintrag **Team bearbeiten** oder **Team verwalten**.   ⌐

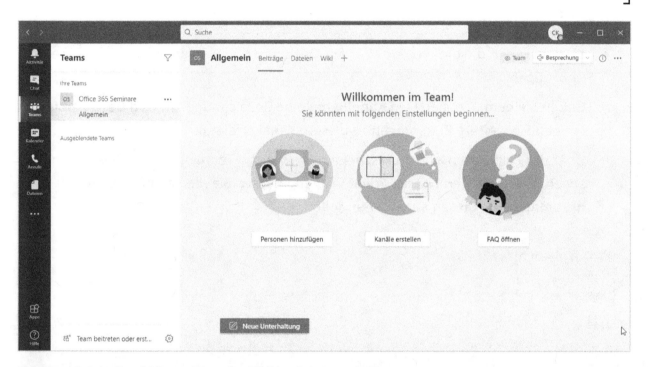

Abbildung 3-6: Im Kanal Allgemein werde viele Vorgänge protokolliert

Sie können jetzt direkt mit der Unterhaltung im Kanal **Allgemein** beginnen.

Wir empfehlen den Kanal **Allgemein** als Protokoll-Kanal zu nutzen. Da hier viele Änderungen, wie z.B. das Hinzufügen oder das Entfernen von Personen dokumentiert wird, kann es leicht unübersichtlich werden.

Einen Kanal anlegen

Einen Kanal haben Sie ruckzuck angelegt.

- Klicken Sie auf die Schaltfläche **Kanäle erstellen**. Sollten Sie diese nicht sehen, zeigen Sie auf den Teamnamen in der Liste der Teams.

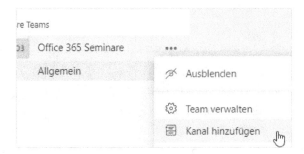

Abbildung 3-7: Einen Kanal für ein Team anlegen

- Klicken Sie auf die drei Punkte **Weitere Optionen** und wählen Sie den Befehl **Kanal hinzufügen**.

- Geben Sie dem Kanal im Feld **Kanalname** eine Bezeichnung. Im Feld **Beschreibung** können Sie weitere Erklärungen zu diesem Kanal erfassen.

- Über das Feld **Datenschutz** entscheiden Sie, welche Teammitglieder diesen Kanal sehen. Wenn Sie den Eintrag **Privat** wählen, müssen Sie die Teammitglieder bestimmen, die diesen Kanal sehen sollen.

Abbildung 3-8: Einen Kanal anlegen Teams

Tipp

Durch die Auswahl der Datenschutzoption **Privat** wird ein privater Kanal mit einem Schloss-Symbol angelegt. Dieser Kanal ist nur für Mitglieder dieses Kanals sichtbar.

- Klicken Sie auf die Schaltfläche **Hinzufügen**.

Abbildung 3-9: Der Kanal wird zum Team hinzugefügt

Jedes Teammitglied kann nun den Kanal sehen.

Tipp

Um Änderungen am Kanal vorzunehmen, zeigen Sie auf den Kanal, klicken Sie auf die drei Punkte und wählen Sie den Eintrag **Kanal bearbeiten**.

3.2 Unterhaltungen führen

Jedes Mitglied kann nun eine Unterhaltung führen.

- Klicken Sie auf den Schalter **Neue Unterhaltung** und geben Sie Ihren Text ein.

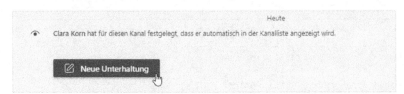

Abbildung 3-10: Mit dieser Schaltfläche starten Sie eine neue Unterhaltung

In dem Eingabefeld können Sie Ihre Nachricht erfassen. Sie ist für alle Teammitglieder sichtbar.

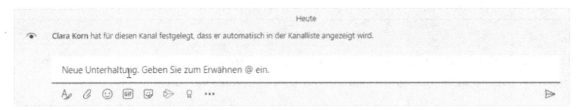

Abbildung 3-11: Das Feld zur Eingabe Ihrer Beiträge

- Klicken Sie auf das Icon ➤ **Senden** oder drücken Sie ⏎ , um den Beitrag zu veröffentlichen.

Abbildung 3-12: Jeder im Team kann diesen Beitrag sehen und darauf reagieren

Jeder im Team kann auf diesen Beitrag regieren. Dies kann zum einen ein Klick auf ein Emoticon sein, das immer erscheint, wenn der Mauszeiger auf den Beitrag zeigt. Mit einem Klick auf den Eintrag **Antworten** unterhalb des Beitrags kann eine Antwort verfasst werden, die auch jeder im Team sehen kann.

Einen Beitrag gestalten

Wenn Sie Ihren Beitrag etwas aufpeppen möchten, dann bietet Ihnen Teams mehrere Möglichkeiten an.

- Klicken Sie unterhalb des Feldes **Neue Unterhaltung** auf das Icon **Format.** ✎.

Abbildung 3-13: Einen Beitrag gestalten

Im Editorfenster stehen Ihnen jetzt die Befehle zum Hervorheben Ihres Textes zur Verfügung.

Am Feld **Neue Unterhaltung** können Sie den Eintrag **Ankündigung** auswählen. Eine Ankündigung ist ein stark hervorgehobener Beitrag. Am Feld **Jeder kann antworten** schränken Sie die Antwortmöglichkeiten ein. Am Feld **In mehreren Kanälen posten** wählen Sie die Kanäle aus, in denen Ihr Beitrag auch erscheinen soll.

Über die Icons **Emoji** ☺, **Giphy** [GIF] und **Aufkleber** 😀 fügen Sie ein buntes Bild in Ihren Beitrag ein.

Eine Person oder das ganze Team erwähnen

Wenn einen Beitrag für eine bestimmte Person interessant ist, können Sie ihn namentlich erwählen.

- Tippen Sie im Feld **Neue Unterhaltung** das @-Zeichen ein. Sie erhalten eine Liste aller Teammitglieder. Wenn Sie beginnen den Namen der Person einzutippen, erscheint nur noch diese.

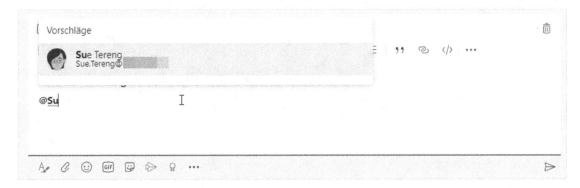

Abbildung 3-14: Eine Person in einem Beitrag erwähnen

- Klicken Sie auf den Namen, schreiben Sie den Beitrag und senden Sie ihn ab.

Alle Teammitglieder sehen diesen Beitrag. Das erwähnte Mitglied erhält einen Hinweis und sieht neben dem Beitrag das rote @-Zeichen als Hinweis, dass er erwähnt wird.

⌐ **Hinweis**

Sie können auch den Namen des Teams, eines Kanals oder eines definierten Tags erwähnen.

Dateien hochladen

Sie können Dateien für alle Teammitgliedern Hochladen. Das bedeutet, jeder kann bis auf Weiteres Änderungen an Ihrem Dokument vornehmen.

- Klicken Sie unter dem Feld **Neue Unterhaltung** auf das Icon **Anfügen**.

- Wählen Sie den Ort aus, wo die Datei zurzeit liegt. Wenn Sie **Vom Computer hochladen** oder **OneDrive** wählen, wird eine Kopie der Datei in diesen Kanal hochgeladen.

Abbildung 3-15: Dateien können von verschiedenen Orten hochgeladen werden

┌
Hinweis

Es wird automatisch eine Kopie der Datei erzeugt und in SharePoint gespeichert. Die App SharePoint wird im übernächsten Kapitel beschrieben. Die Originaldatei wird nicht verändert.
⌐

- Wählen Sie die Datei aus.

- Schreiben Sie, wenn gewünscht, die Unterhaltung mit dazu.

Abbildung 3-16: Die Datei hängt der Unterhaltung

- Senden Sie die Unterhaltung mit der Datei ab.

Jeder im Team sieht die Datei in der Unterhaltung. Mit einem Klick auf die Datei wird sie im Teams Browser Fenster angezeigt. Von hier aus können Sie sie bearbeiten, downloaden und die Vorschau wieder schließen.

Mit einem Klick auf die drei Punkte **Weitere Optionen für Anhänge** kann die Datei auch online bearbeitet oder heruntergeladen werden.

Abbildung 3-17: Die Datei in der Unterhaltung kann von jedem gesehen und bearbeitet werden

- Wenn Sie mehrere Dateien in einem Kanal haben, klicken Sie oben auf die Registerkarte **Dateien**.

Abbildung 3-18: Die Liste aller Dateien eines Kanals

Wenn Sie hier eine Datei markieren, stehen Ihnen noch weitere Befehle, wie z.B. Umbenennen, Löschen, Verschieben, Kopieren usw. zur Verfügung.

Wenn Sie eine Datei alleine bearbeiten möchten, öffnen Sie sie exklusiv. Klicken Sie dazu mit der rechten Maustaste auf diese Datei und wählen Sie die Befehlsfolge **Mehr / Auschecken**.

⌐ **Hinweis**

Diese Dateien werden im SharePoint zu diesem Kanal gespeichert. Lesen Sie das Kapitel **SharePoint: Unser gemeinsames Laufwerk** weiter hinten in diesem Buch. Hier wird beschrieben, wie Sie den individuellen Zugriff auf diese Datei einstellen. Sie können für alle von Ihnen hochgeladenen Dateien z.B. allen Teammitgliedern nur den Lese-Zugriff geben. ⌐

- Klicken Sie wieder oben auf die Registerkarte **Beiträge**, wenn Sie die Liste der Dateien verlassen möchten.

Videokonferenz

Sie können mit den Mitgliedern in Ihrem Kanal eine Videokonferenz starten.

- Klicken Sie oben rechts im Kanal auf das Icon Besprechung.

- Wenn Sie möchten, können Sie einen Betreff für die Videokonferenz eingeben.

- Klicken Sie auf die Schaltfläche **Computeraudio**. Im Kamera-Bereich können Sie entscheiden, ob Sie Ihre Kamera beim Eintritt ein- oder ausgeschaltet haben.

- Klicken Sie auf **Jetzt teilnehmen**, um der Online-Konferenz beitreten.

Tipp

Am Icon **Besprechung** finden Sie einen Listenpfeil. Mit einem Klick auf **Besprechung planen** erscheint ein Dialog, in dem Sie einen Termin für Ihre Besprechung einstellen können. Klicken Sie ins Feld **Personen einladen** und wählen Sie die Personen aus, die an der Besprechung teilnehmen sollen. Dieser Termin wird in die Kalender der Teammitglieder geschrieben.

Während der Videokonferenz stehen Ihnen mehrere Befehle in einer Symbolleiste zur Verfügung. So können Sie z. B. die Kamera ausschalten, eine Anwendung teilen, die Konferenz aufzeichnen uvm. Am rechten Rand sehen Sie wer an Ihrer Videokonferenz teilnimmt.

3.3 Der 1 zu 1 Chat

Teams bietet Ihnen im Bereich **Chat** die Möglichkeit eines Vieraugengesprächs.

Das Vieraugengespräch

Mit dem Chat führen Sie vertrauliche Gespräche. Dabei können Sie auch mehrere Personen in Ihren Chat einladen.

- Klicken Sie auf das Icon ✎ **Neuer Chat**.

- Geben Sie den Namen der Person ein, mit der Sie ein vertrauliches Gespräch beginnen möchten.

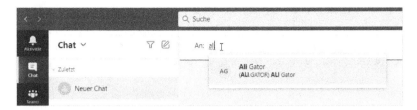

Abbildung 3-19: Ein Vieraugengespräch beginnen

- Klicken Sie auf den Namen und beginnen Sie, wie bei einer Unterhaltung in einem Kanal, das Gespräch.

Im Feld **An** können Sie auch mehrere Namen eingeben. Dann wird das Gespräch mit mehreren Personen geführt.

Über die Schaltflächen oben rechts am Fensterrand können Sie den Chatpartner direkt per Audio 📞 oder Video 📹 über Teams kontaktieren. Während des Online Meetings können Sie die Audio- und Videoeinstellungen anpassen. Mit weiteren Schaltflächen können Sie:

⬆ Bildschirminhalte des Computers zeigen,

👥⁺ den Chat um weitere Teams-Nutzer erweitern,

↗ den Chat in einem separaten Fenster anzeigen.

Abbildung 3-20: Eine neue Nachricht schreiben

- Klicken Sie ins Feld **Eine neue Nachricht eingeben**.
- Klicken Sie auf das Icon **Senden** ▷, um die Nachricht abzuschicken.

Dateien teilen

Sie können auch in einem Chat Dateien teilen. Diese Dateien werden in Ihrem OneDrive gespeichert. Das OneDrive wird im nächsten Kapitel vorgestellt.

- Klicken Sie auf das Symbol **Anfügen** 𝒸 und wählen Sie die Datei aus.

Abbildung 3-21: Eine Chatnachricht mit einem Dateianhang

- Senden Sie den Chat inklusive Datei mit einem Klick auf **Senden** ▷.

Die Datei wird im Chat-Bereich gezeigt und kann von jeder Person, die in diesem Chat ist, geöffnet und verändert werden. Dabei bleibt die Originaldatei auf dem Computer der Person, die sie hochlädt.

Eine Kopie dieser Datei wurde ins persönliche OneDrive der Person geladen und gleichzeitig wurde der Zugriff aller Personen aus dem Chat gewährt.

Über die Registerkarte **Dateien** werden alle Dateien angezeigt, die in diesem Chat hochgeladen wurden.

3.4 Die Benachrichtigungen

Im Bereich **Aktivitäten** sehen Sie alle Antworten, Reaktionen und Erwähnungen zu Ihrer Person. Sie können dort regelmäßig nachsehen, was in Teams passiert ist. Eine Zahl auf rotem Grund zeigt die Anzahl der neuen Aktionen. Mit einem Klick auf eine Aktivität lassen Sie sich diese anzeigen.

Teams bietet Ihnen allerdings auch andere Möglichkeiten der Benachrichtigungen an.

- Klicken Sie oben rechts im Teams-Fenster auf Ihr Foto oder Ihre Initialen.

Über den Eintrag **Verfügbar** lassen Sie alle Teammitglieder wissen, ob Sie zurzeit zur Verfügung stehen oder ob Sie beschäftigt sind. An dem farbigen Punkt an Ihrem Symbol ist Ihr Onlinestatus für alle Teammitglieder erkennbar. Den Status können Sie manuell festlegen.

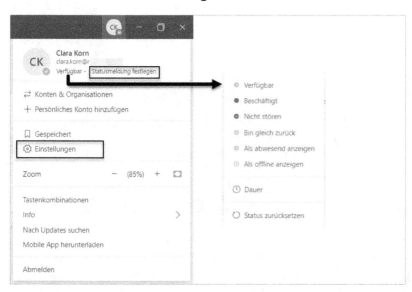

Abbildung 3-22: Onlinestatus einstellen

Über den Befehl **Statusmeldung festlegen** können Sie für die anderen Teams-Nutzer einen Hinweis hinterlegen. Diese Info wird den Benutzern angezeigt, wenn sie mit der Maus über Ihr Profil-Icon fahren.

- Klicken Sie auf den Eintrag **Einstellungen**.
- Klicken Sie auf die Kategorie **Benachrichtigungen**.

Abbildung 3-23: Benachrichtigungen einstellen

- Entscheiden Sie für jede Variante die Art der Benachrichtigung.

- Schließen Sie das Fenster. Ihre Änderungen werden automatisch gespeichert.

Zusätzlich zu diesen Benachrichtigungen steht Ihnen eine individuelle Benachrichtigung zu jedem Kanal zur Verfügung.

- Zeigen Sie auf den Kanalnamen und klicken Sie auf die drei Punkte **Weitere Optionen** und wählen Sie im Untermenü eine Option.

- Über den Befehl **Benutzerdefiniert** gelangen Sie zum Dialogfenster. Entscheiden Sie auch hier die Art der Benachrichtigung.

- Klicken Sie auf die Schaltfläche **Speichern**.

4 OneDrive: Mein Laufwerk

OneDrive ist eines der zentralen Dienste von Office 365. Es ist „Ihr" persönliches Laufwerk, in das Sie Dateien abspeichern können. Es ist mit dem Home-Laufwerk im Firmennetzwerk oder der externen Festplatte an Ihrem Computer vergleichbar. Ihr OneDrive bietet mehr Komfort und es liegt nicht in Ihrem PC oder Laptop, sondern in der Cloud. Sie sind durch Ihr OneDrive geräteunabhängig, das bedeutet, Sie können Ihre Dateien von allen Computern bearbeiten, die einen Internetzugang haben. Der größte Vorteil: **Alle Dateien stehen Ihnen IMMER und ÜBERALL zur Verfügung**, wenn Sie Internetzugang haben.

Wenn Sie in einem Teams-Chat eine Datei von Ihrem Computer hochladen, wird diese in Ihrem OneDrive gespeichert. Zusätzlich haben Sie diese Datei mit Ihrem Chat-Partner geteilt. Das bedeutet, er hat den Zugriff auf diese Datei und kann Änderungen vornehmen.

⌐ **WICHTIG**

Wenn Sie auch offline mit Ihren Dateien arbeiten möchten, lesen Sie unbedingt auch den Abschnitt **OneDrive offline nutzen**, weiter unten in diesem Kapitel.
⌐

Abbildung 4-1: In Ihrem OneDrive finden Sie alle Dateien

4.1 Eine neue Datei im OneDrive erstellen

Im ersten Schritt soll ein neues Word Dokument angelegt werden.

Neues Word Dokument anlegen

- Klicken Sie auf das Icon **Neu**.

In der Liste sehen Sie alle Apps, mit denen Sie neue Dateien anlegen können. Wenn Sie in Ihrem OneDrive viele Dateien speichern werden, können Sie die Organisation mithilfe der Ordner übersichtlicher gestalten. Die Arbeit mit den Ordnern ist identisch mit denen im Windows-Explorer.

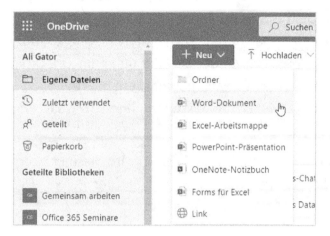

Abbildung 4-2: Ein neues leeres Word-Dokument anlegen

Word Online wird mit einem leeren Dokument gestartet.

- Erfassen Sie Ihren Text.

Die Unterschiede zwischen Word Online und Word-Desktop-App werden weiter hinten in diesem Buch beschrieben.

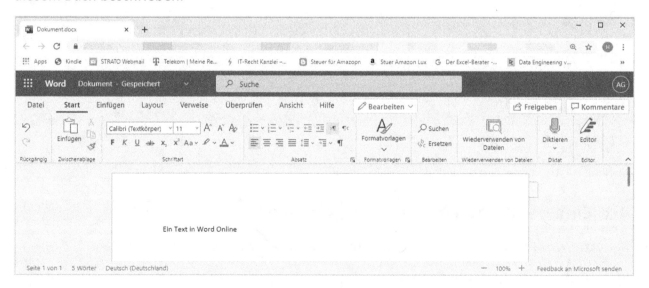

Abbildung 4-3: In Word Online schreiben Sie Ihre Texte wie gewohnt

In der Titelleiste erkennen Sie, dass Ihr Dokument bereits gespeichert ist.

- Schließen Sie das Browser-Registertab **Word**.

Die Schaltfläche zum Speichern werden Sie vergeblich suchen. Die Eingaben und Änderungen an der Datei werden automatisch gespeichert. Im OneDrive sehen Sie jetzt Ihr Dokument.

┌ **Tipp**

Um der Datei direkt während der Bearbeitung in Word Online einen neuen Namen zu geben, wählen Sie die Befehlsfolge **Datei / Speichern unter / Umbenennen**. Geben Sie den Dateinamen ein und klicken Sie auf **OK**. ┘

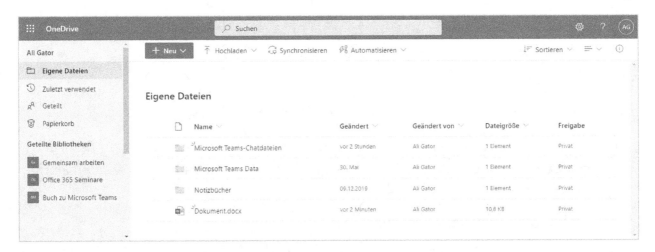

Abbildung 4-4: Das Word-Dokument ist im OneDrive gespeichert

┌ **Hinweis**

Wenn keine Datei markiert ist, dann stehen Ihnen am oberen Rand vier Befehle zur Verfügung. ┘

Umbenennen

In diesem Schritt soll das neue Word Dokument umbenannt werden.

- Um die Datei zu markieren, zeigen Sie auf die Zeile mit dem Dateinamen. Klicken Sie entweder auf das Dateisymbol vor dem Dateinamen oder in den Kreis, der jetzt vor der Zeile angezeigt wird.

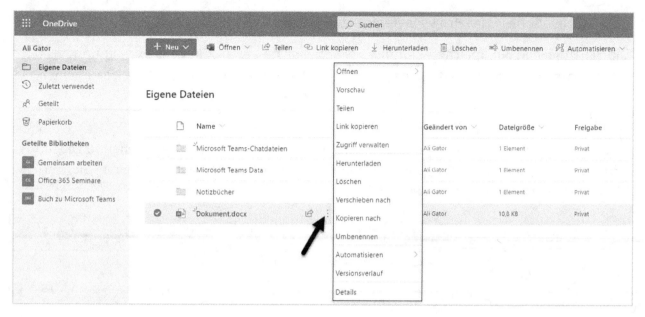

Abbildung 4-5: Wenn eine Datei markiert ist, stehen Ihnen viele Befehle zur Verfügung

- Um eine markierte Datei umzubenennen, klicken Sie entweder oben auf das Icon **Umbenennen** oder klicken Sie auf die drei Punkte und anschließend auf den Eintrag **Umbenennen**.

- Geben Sie den neuen Dateinamen ein.

Abbildung 4-6: Eine Datei umbenennen

- Klicken Sie auf **Umbenennen**.

4.2 Vorhandene Datei hochladen

Sie können Dateien, die auf Ihrem Computer gespeichert sind, auch in Ihr OneDrive hochladen. Sie erzeugen beim Hochladen automatisch Kopien dieser Dateien. Danach stehen Ihnen die hochgeladenen Dateien überall zur Verfügung.

- Stellen Sie sicher, dass keine Datei in Ihrem OneDrive markiert ist und klicken Sie auf das Icon **Hochladen**.

Abbildung 4-7: Eine Datei hochladen

- Wählen Sie den Eintrag **Dateien**.

- Wählen Sie die gewünschte Datei von Ihrer Festplatte aus und klicken Sie auf **Öffnen**.

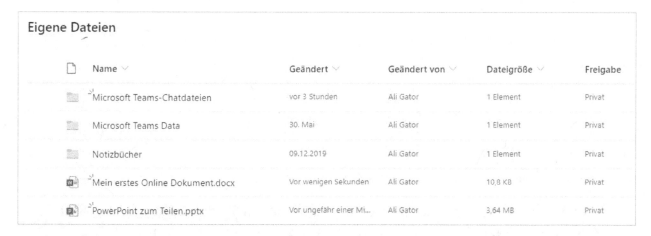

Abbildung 4-8: Jetzt finden Sie eine Kopie der gewählten Datei in Ihrem OneDrive

Zwischen der Datei auf Ihrem Computer und der Datei in Ihrem OneDrive besteht keine Verbindung.

Hinweis

Wenn Sie auf eine Datei zeigen, erscheinen weitere Icons z.B. die drei Punkte für weitere Aktionen oder das Icon zum Markieren der Datei. Wenn die Datei markiert ist, sind diese Icons immer sichtbar.

4.3 Eine Datei mit anderen Personen teilen

Im OneDrive ist eine Datei standardmäßig „privat" und für andere Anwender nicht sichtbar – und das ist auch gut so. Möchten Sie jedoch, dass ein Kollege Anmerkungen oder Änderungen an Ihrer Datei durchführt, können Sie Dateien oder Ordner gezielt „teilen".

Sie können für jede Datei in Ihrem OneDrive entscheiden, wer außer Ihnen noch Zugriff auf diese Datei hat. Dabei können Sie zwischen **Nur lesen** oder **Bearbeiten** wählen. Wenn Sie **Bearbeiten** wählen, dann kann die Person Änderungen an Ihrer Datei vornehmen.

Personen den Zugriff gewähren

Wenn Sie anderen Personen den Zugriff auf eine Datei innerhalb Ihres OneDrive gewähren möchten, dann führen Sie die folgenden Schritte durch:

- Klicken Sie auf die drei Punkte in der Zeile der markierten Datei oder klicken Sie mit der rechten Maustaste auf die Datei und wählen Sie den Befehl **Teilen**.

Abbildung 4-9: Die Befehle der ausgewählten Datei

- Wählen Sie nacheinander die Personen aus, denen Sie den Zugriff auf Ihre Datei geben möchten.

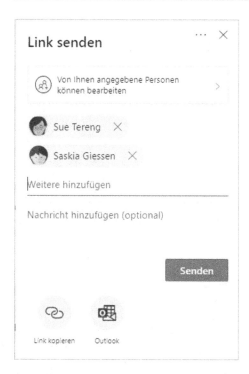

Abbildung 4-10: Die Personen auswählen

- Am oberen Listenfeld im Dialog **Link senden** können Sie über den Haken
  Bearbeitung zulassen einstellen, ob die Personen die Datei bearbeiten oder nur
  ansehen dürfen.

- Wenn Sie auf **Senden** klicken, erhalten die gewählten Personen eine Mail mit einem
  Link zur Datei. Wenn Sie Informationen zur Datei geben möchten, klicken Sie auf das
  Icon **Outlook**. Geben Sie im Nachrichtenfenster alle notwendigen Informationen ein
  und klicken Sie im Nachrichtenfenster auf **Senden**.

Es erscheint ein kleiner Hinweis, dass der Zugriff (Link) versendet wurde.

Abbildung 4-11: Die geteilten Dateien sind anhand des Textes **Geteilt** sofort erkennbar

In Ihrem OneDrive erkennen Sie die geteilten Dateien in der Spalte **Freigabe** am Text **Geteilt**.

Den Zugriff bearbeiten

Sie können die Freigabe nachträglich bearbeiten oder auch wieder entfernen.

- Klicken Sie in der Spalte **Freigabe** auf das Icon **Geteilt**.

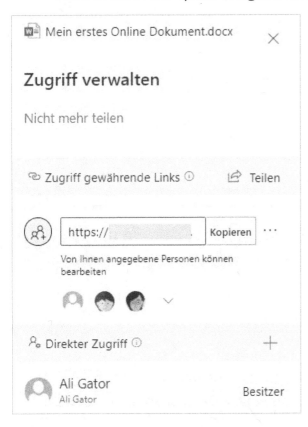

Abbildung 4-12: Das Teilen der Dateien bearbeiten

- Führen Sie die gewünschten Änderungen durch und schließen Sie das Fenster.

Hinweis

Mit einem Klick auf den Link **Nicht mehr teilen** entziehen Sie allen Personen den Zugriff auf Ihre Datei. Wenn Sie nur bestimmten Personen den Zugriff entziehen möchten, klicken Sie auf den Pfeil neben dem letzten Icon der Prsonen. Mit einem Klick auf das Kreuz neben dem Namen entfernen Sie den Zugriff für diese Person. Es erscheint ein Hinweis, den Sie bestätigen müssen.

Bearbeitung einer geteilten Datei durch den Empfänger

Die Personen, denen Sie den Zugriff gewährt haben, erhalten eine E-Mail.

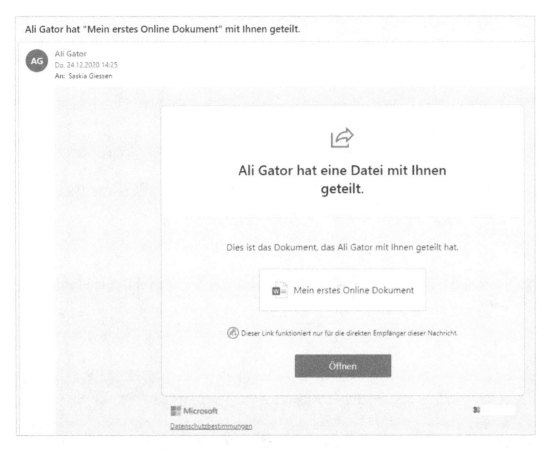

Abbildung 4-13: Der Zugriff auf die Datei direkt aus der E-Mail

Mit einem Klick auf die Schaltfläche **Öffnen** wird die Datei, die in Ihrem OneDrive liegt, vom Empfänger dieser E-Mail in seinem Excel-Online geöffnet.

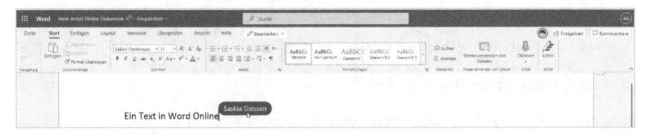

Abbildung 4-14: Geteilte Dateien finden Sie in der Kategorie **Geteilt**

Der Empfänger kann nun Änderungen an Ihrer Datei vornehmen. Er sieht Ihre Datei auch in seiner Kategorie **Geteilt**, direkt in seinem OneDrive.

Abbildung 4-15: Der Empfänger sieht geteilte Dateien in deinem OneDrive in der Kategorie **Geteilt**

Die Datei liegt weiterhin in Ihrem OneDrive. Sie erkennen in Ihrem OneDrive, wer die letzte Änderung wann durchgeführt hat.

Hinweis

Das gleichzeitige Bearbeiten der Dateien zeigen wir weiter hinten im Kapitel **Gemeinsames Bearbeiten einer Datei**.

Eigene Dateien

	Name ⌄	Geändert ⌄	Geändert von ⌄	Dateigröße ⌄	Freigabe
	Microsoft Teams-Chatdateien	vor 3 Stunden	Ali Gator	1 Element	Privat
	Microsoft Teams Data	30. Mai	Ali Gator	1 Element	Privat
	Notizbücher	09.12.2019	Ali Gator	1 Element	Privat
	Mein erstes Online Dokument.docx	Vor wenigen Sekunden	Saskia Giessen	11,0 KB	Geteilt
	PowerPoint zum Teilen.pptx	vor 50 Minuten	Ali Gator	3,64 MB	Privat

Abbildung 4-16: In der Spalte **Geändert von** steht der letzte Bearbeiter

4.4 Die Versionen Ihrer Datei

Ihr OneDrive speichert jede Änderung der Datei unter einer Versionsnummer.

- Klicken Sie auf die drei Punkte an Ihrer Datei und wählen Sie den Befehl **Versionsverlauf**.

Abbildung 4-17: Sie erkennen wer und wann Änderungen durchgeführt hat

- Um eine „ältere" Dateiversion zu öffnen, klicken Sie auf die Datei und starten Sie den Befehl **Datei öffnen**.

Versionsverlauf

Vers...	Änderungsdatum	Geändert von	Größe
4.0	vor 2 Min	Saskia Giessen	11,0 KB
3.0	vor 52 Min	Ali Gator	10,8 KB
2.0	vor 1 h	Ali Gator	10,8 KB
1.0	vor 1 h	Ali Gator	10,8 KB

Wiederherstellen

Datei öffnen

Version löschen

Abbildung 4-18: Eine Datei aus dem Versionsverlauf öffnen

Sie können dann auf dieser Version weiterarbeiten und speichern. Die geänderte Datei wird unter einer neuen Versionsnummer, in diesem Beispiel (5.0), gespeichert.

4.5 Die Dateien aus dem Teams-Chat

Wenn Sie innerhalb eines Teams-Chats eine Datei von Ihrem Computer hochladen, wird sie in Ihrem OneDrive im Ordner **Microsoft Teams-Chatdateien** gespeichert.

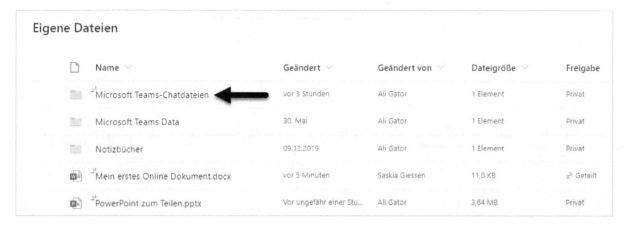

Abbildung 4-19: Dieser Ordner wird automatisch beim Hochladen der ersten Datei angelegt

Wenn Sie diesen Ordner öffnen, sehen Sie alle hochgeladenen Dateien. Mit einem Klick auf die Zeile **Geteilt** sehen Sie, mit wen Sie diese Datei geteilt haben.

Abbildung 4-20: Diese Datei wurde im Teams-Chat hochgeladen

Wenn Sie das Teilen aufheben möchten, klicken Sie auf den Link **Nicht mehr teilen**. Dann kann Ihr Chat-Partner diese Datei nicht mehr öffnen und bearbeiten.

4.6 OneDrive offline nutzen

Stellen Sie sich vor, Sie wissen, dass Sie in der nächsten Zeit keinen Internet Zugang haben. Sie möchten aber mit bestimmten Dateien arbeiten, dann richten Sie die Synchronisierung Ihres OneDrives auf Ihrem Desktop-PC oder Laptop ein. Sie entscheiden, welche Dateien Sie sowohl in Ihrem OneDrive als auch auf Ihrem PC bearbeiten möchten.

Hinweis

Wenn Sie in Ihrem Windows-Explorer bereits Ihr OneDrive sehen, müssen Sie die folgenden Schritte nicht machen.

OneDrive auf Ihrem Laptop einrichten

Im ersten Schritt müssen Sie die Verbindung zwischen Ihrem PC und Ihrem OneDrive einrichten.

- Stellen Sie sicher, dass keine Datei in Ihrem OneDrive markiert ist und klicken Sie auf die Schaltfläche **Synchronisieren** und anschließend auf **Microsoft OneDrive öffnen**.

Abbildung 4-21: Der erste Schritt, um ausgewählte Dateien Ihres OneDrive-Laufwerks offline verfügbar zu machen

- Geben Sie Ihren Office-Anmeldenamen ein und klicken Sie auf **Anmelden**.

Im nächsten Schritt wird Ihnen der Pfad auf Ihrem PC gezeigt, in dem der Inhalt Ihres OneDrives abgelegt wird.

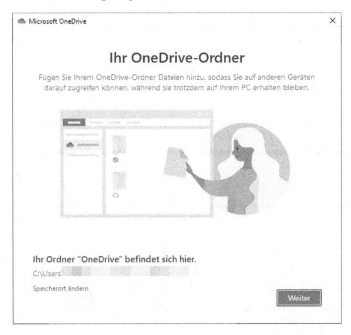

Abbildung 4-22: Der Pfad zu den aus OneDrive abgelegten Dateien

Wenn Sie den Ordner ändern möchten, klicken Sie auf den Link **Speicherort ändern**.

- Klicken Sie auf **Weiter**.

- Klicken Sie nun mehrmals auf **Fortfahren** bzw. **Weiter** und sehen Sie sich die Erklärungen an. Sie können Ihr OneDrive auch auf Ihren mobilen Geräten installieren und nutzen.

- Klicken Sie zum Abschluss auf den Schalter **Meinen OneDrive-Ordner öffnen**.

	Name	Status	Änderungsdatum	Typ	Größe
> ☁ OneDrive	Microsoft Teams Data	☁	25.12.2020 07:44	Dateiordner	
∨ ☁ OneDrive	Microsoft Teams-Chatdateien	☁	25.12.2020 07:44	Dateiordner	
> ▯ Microsoft Teams Data	Notizbücher	⊘	25.12.2020 07:44	Dateiordner	
> ▯ Microsoft Teams-Chatdateien	Mein erstes Online Dokument.docx	☁ ደ	24.12.2020 14:29	Microsoft Word-D...	11 KB
> ▯ Notizbücher	PowerPoint zum Teilen.pptx	☁ ደ	24.12.2020 13:39	Microsoft PowerP...	3.723 KB
> ☁ OneDrive -					
>					
>					
> 💻 Dieser PC					

Abbildung 4-23: Der Inhalt Ihres OneDrives ist nun im Explorer sichtbar

┌ **WICHTIG**

Alle Ordner- und Dateinamen sind nun auf Ihrem PC sichtbar, aber noch nicht offline verfügbar!

⌐

Dateien synchronisieren

Alle Ordner- und Dateiennamen Ihres OneDrives werden im Explorer-Fenster des Ordners **OneDrive – Unternehmensbezeichnung** gezeigt. Das Symbol ☁ hinter den Dateinamen zeigt, dass sich die Datei bzw. der Ordnerinhalt noch nicht auf Ihrem Laptop befindet.

- Angenommen, Sie möchten auch offline alle Dateien eines Ordners bearbeiten, klicken Sie mit der rechten Maustaste auf den Ordnernamen und wählen Sie den Befehl **Immer behalten auf diesem Gerät**.

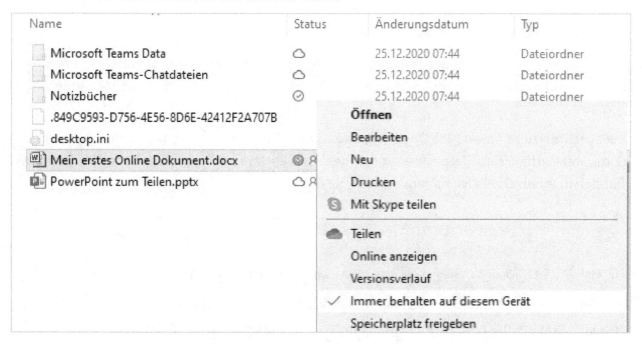

Abbildung 4-24: Über diesen Befehl stellen Sie sicher, dass Sie die Dateien offline bearbeiten können

Der Ordner und alle Dateien in diesem Ordner erhalten jetzt das Symbol ⊘. Das bedeutet, Sie können die Dateien auch offline bearbeiten. Diese Dateien belasten den Speicherplatz Ihres PCs. Deshalb müssen Sie überlegen, welche Dateien Sie „Immer auf diesem Gerät behalten" möchten.

⌐ **Hinweis**

Sie können auch einzelne Dateien mit dem Befehl **Immer behalten auf diesem Gerät** offline bereitstellen.
⌐

Wenn Sie aus einer App heraus eine Datei aus Ihrem OneDrive öffnen, dann wird diese auch als „wichtig" erachtet. Sie erhält das Symbol ⊘ und kann auch offline bearbeitet werden.

Die Synchronisierung läuft später automatisch. Das bedeutet, wenn Sie wieder online sind, wird jede Datei geprüft und die neueste Datei wird in Ihrem OneDrive angezeigt.

⌐ **Hinweis**

Die Versionierung von Dateien wurde bereits weiter oben in diesem Kapitel beschrieben.
⌐

Geteilte Dateien synchronisieren

Folgendes Szenario: Sie haben eine Datei auf Ihren Computer geladen und offline Änderungen gemachten. Zeitgleich hat eine Person, die Zugriff auf diese Datei hat, online Änderungen gemacht.

Bei Synchronisieren merkt Ihr OneDrive, dass zwei Dateien existieren. Die „Offline"-Datei Ihres Computers erhält zum Dateinamen noch den Namen Ihres Computers, sodass Sie jetzt zwei Dateien in Ihrem OneDrive haben.

Mein erstes Online Dokument.docx	⊘ ℛ	25.12.2020 08:02	Microsoft Word-Dokument	13 KB
Mein erstes Online Dokument-Computername .docx	⊘	25.12.2020 08:02	Microsoft Word-Dokument	14 KB
PowerPoint zum Teilen.pptx	○ ℛ	24.12.2020 13:39	Microsoft PowerPoint-Präsentation	3.723 KB

Abbildung 4-25: Im Windows-Explorer erkennen Sie schon beide Dateien

In Ihrem OneDrive können Sie sich beide Dateien ansehen. Mit einem Klick auf den Link Details anzeigen erkennen Sie, wer wann Änderungen an den Dateien gemacht hat.

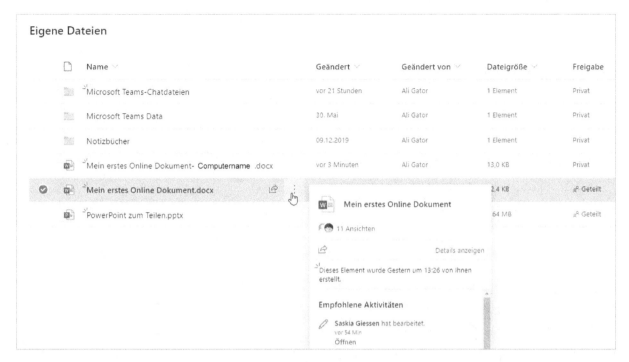

Abbildung 4-26: Im OneDrive erkennen Sie auch beide Dateien

Einstellungen zur Synchronisierung

Sie können viele Einstellungen zur Verbindung zwischen Ihrem PC und Ihrem OneDrive vornehmen, z.B. ob und wenn Ja, in welchen Rhythmus die Synchronisierung stattfinden soll.

- Klicken Sie in Taskleiste unten rechts auf das Symbol ☁️.

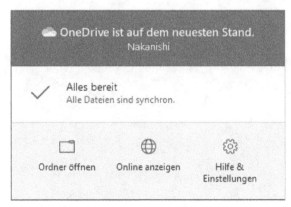

Abbildung 4-27: Die Liste der Dateien, die Ihnen Offline zur Verfügung sehen

- Klicken Sie auf das Icon **Hilfe & Einstellungen**.

- Im Menü können Sie über das Listenfeld **Synchronisierung anhalten** entscheiden, ob und wie oft die Aktualisierung laufen soll.

- Klicken Sie im Menü auf den Eintrag **Einstellungen**.

Abbildung 4-28: Die Einstellungen zur Synchronisierung

Hier können viele Optionen im Detail festgelegt werden.

5 SharePoint: Unser gemeinsames Laufwerk

SharePoint erfüllt die unterschiedlichsten Aufgaben. Mit einer SharePoint Site erstellen Sie einen virtuellen Raum, in den Sie Kollegen einladen können, um Neuigkeiten auszutauschen und Dateien zu teilen.

Die App ist so umfangreich, dass sich darüber leicht 1000 Seiten schreiben lassen, wenn man bis in den letzten Winkel und jede Option beschreiben würde. In diesem Buch beschränken wir uns auf die Stellen, an denen SharePoint für die Arbeit in Zusammenhang mit anderen Apps notwendig ist.

Hinweis

Im Prinzip müssen Sie nicht direkt in SharePoint arbeiten, wenn Sie z. B. die App **Teams** einsetzen. Beim Erstellen eines Teams erhalten Sie automatisch eine SharePoint Site, die zur Speicherung der Dateien, die in einem Teams-Kanal hochgeladen werden, genutzt wird.

5.1 SharePoint starten und Oberfläche

In diesem Kapitel wird die Oberfläche von SharePoint Online beschrieben.

- Starten Sie **Office.com** und klicken Sie auf das Icon zur App **SharePoint**.

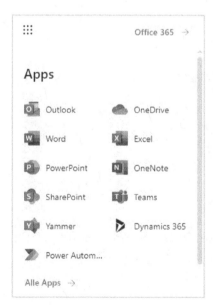

Abbildung 5-1: Die SharePoint Online-App in Office 365

Beim ersten Aufruf der App erhalten Sie einige Informationen, die Sie Lesen und jeweils mit **WEITER** bestätigen können.

Anschließend erhalten Sie die Arbeitsoberfläche von SharePoint. Wenn Sie später SharePoint erneut starten, erscheint diese Seite.

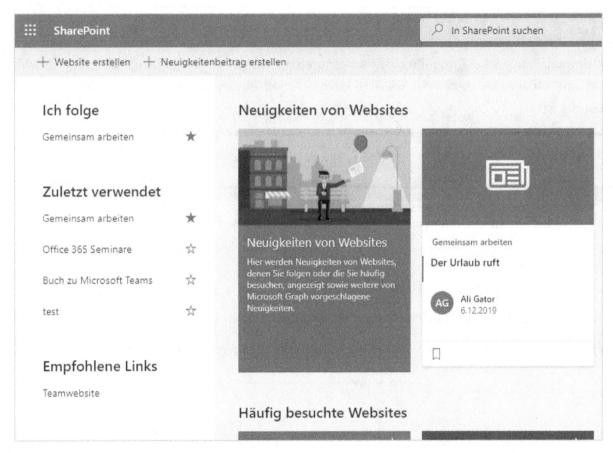

Abbildung 5-2: Die noch leere SharePoint-Einstiegsseite

Wenn Sie bereits mit der App **Teams** gearbeitet haben, kann es sein, dass Sie in der Kategorie **Ich folge** bzw. **Zuletzt verwendet** Ihre Teams sehen.

5.2 Die Dateien aus Teams

Ihnen stehen zwar in Teams im Kanal über die Registerkarte **Dateien** viele Befehle zum Bearbeiten der Dateien zur Verfügung, aber hier in SharePoint sind es noch viel mehr. So finden Sie hier auch die in Teams gelöschten Dateien wieder.

- Um die SharePoint-Site eines Kanals zu öffnen, klicken Sie auf die Registerkarte **Dateien.**

- Wählen Sie anschließend den Befehl **In SharePoint öffnen.** Ggf. müssen Sie zuvor auf die drei Punkte klicken.

Abbildung 5-3: SharePoint aus einem Teams-Kanal heraus starten

Nachdem SharePoint geöffnet ist, sehen Sie den Inhalt des aktuellen Kanals. Wenn Sie den Inhalt eines anderen Kanales sehen möchten, klicken Sie auf den Eintrag **Dokumente.** Dann sehen Sie in einer Liste alle Kanäle (Ordner), die Sie mit einem Klick öffnen können.

⌐ **Hinweis**

Der Ordner **General** enthält die Dateien des Kanals **Allgemein.**
                                                                                                      ⌐

Wenn Sie diese Site immer beim Starten von SharePoint sehen möchten. Klicken Sie oben rechts auf das Sternchen. Aus **Sie folgen nicht** wird **Sie folgen.**

Sollten Sie im Kanal eine Datei vermissen, sehen Sie im **Papierkorb** des jeweiligen Kanals nach. Wenn sie darin liegt, markieren Sie sie und klicken Sie auf **Wiederherstellen.**

Abbildung 5-4: SharePoint aus einem Teams-Kanal heraus starten

Auch hier haben Sie, wie in Teams, wenn Sie eine Datei markiert haben, andere Befehle in der Befehlsleiste.

5.3 Dateien exklusiv bearbeiten

Normalerweise kann jeder, der den Zugriff hat, alle Dateien bearbeiten. Für den Fall, dass Sie eine Datei allein bearbeiten müssen, steht Ihnen der Befehl **Auschecken** zur Verfügung.

Datei auschecken

Um eine Datei exklusiv bearbeiten zu können, müssen Sie das Dokument auschecken.

- Markieren Sie die gewünschte Datei und klicken Sie auf die drei Punkte.

Abbildung 5-5: Bei einer markierten Datei sehen Sie mehr Befehle

- Starten Sie die Befehlsfolge **Mehr / Auschecken**.

Das Auschecken dauert einen Moment. Anschließend erkennen Sie an dem Symbol ☉ hinter dem Dateinamen, dass die Datei gesperrt ist.

Abbildung 5-6: Bei Ausgecheckte Dateien sind mit einem Pfeil-Symbol gekennzeichnet

Wenn andere Anwender den Cursor auf die Datei setzen, werden Details zur ausgecheckten Datei angezeigt.

Abbildung 5-7: Detailinformationen zur ausgecheckten Datei

Datei einchecken

Nach der Bearbeitung kann die Datei wieder in SharePoint aktualisiert werden. Der Anwender, der die Datei ausgecheckt hat, kann die Datei auch wieder einchecken und allen anderen Anwendern zur Verfügung stellen.

- Starten Sie die Befehlsfolge **Mehr / Einchecken**.

Abbildung 5-8: Die Datei muss wieder eingecheckt werden

Hinweis

Falls die Datei nicht von dem Kollegen wieder eingecheckt wird, lässt sich das Auschecken wieder rückgängig machen. Für diesen Fall gibt es den Befehl **Auschecken verwerfen**. Mit diesem Befehl können andere Anwender das Auschecken der Datei rückgängig machen.

5.4 Den Zugriff auf die Dateien regeln

Wenn Sie eine Datei hochgeladen haben, die von allen anderen Mitgliedern aber nur gelesen werden soll, können Sie das in SharePoint regeln.

- Klicken Sie auf die drei Punkte und wählen Sie den Eintrag **Zugriff verwalten**.

Sie erkennen, dass Gäste im Team generell nur Lesezugriff haben.

- Um den Mitgliedern die Berechtigung Bearbeiten zu entziehen, klicken Sie auf den Listenpfeil neben dem Stift-Symbol.

- Wählen Sie den Eintrag **Kann anzeigen**.

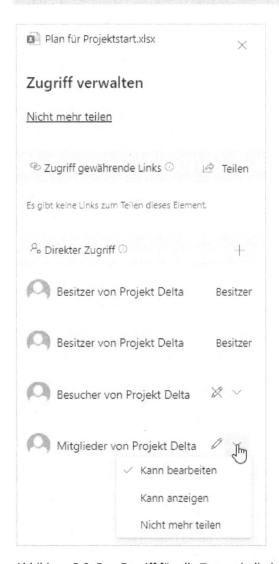

Abbildung 5-9: Den Zugriff für alle Teammitglieder regeln

Wenn Sie jetzt einem Mitglied doch das Bearbeiten Ihrer Datei erlauben möchten, klicken Sie auf das Plus-Symbol im Feld **Direkter Zugriff**. Wählen Sie die gewünschte Person aus.

Aktualisieren Sie ggf. den Bildschirm. Jetzt wird die Person unten in der Liste gezeigt.

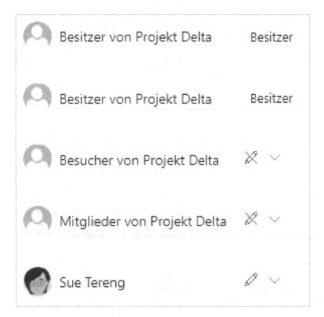

Abbildung 5-10: Das Teammitglied Sue Tereng kann die Datei bearbeiten

Besitzer den Teams können die Datei immer bearbeiten.

6 Gemeinsames Bearbeiten einer Datei

Wenn Sie mit mehreren Personen gemeinsam an einer Datei arbeiten möchten, muss sie online entweder - in Ihrem OneDrive oder in einer SharePoint Site - liegen. Dies wurde in den vorherigen Kapiteln bereits beschrieben.

6.1 Gemeinsam in einem Word-Dokument arbeiten

Sie können allein an einem Word-Dokument arbeiten oder mit mehreren Personen gleichzeitig. An den kleinen Flaggen erkennen Sie, wer zurzeit noch an dem Dokument arbeitet.

Video bietet eine leistungsstarke Möglichkeit zur Unterstützung Ihres Standpunkts. Wenn Sie auf Onlinevideo klicken, können Sie den Einbettungscode für das Video einfügen, das hinzugefügt werden soll. Sie können auch ein Stichwort eingeben, um online nach dem Videoclip zu suchen, der optimal zu Ihrem Dokument passt.

Damit Ihr Dokument ein professionelles Aussehen erhält, stellt Word einander ergänzende Designs für Kopfzeile, Fußzeile, Deckblatt und Textfelder zur Verfügung. Beispielsweise können Sie ein passendes Deckblatt mit Kopfzeile und Randleiste hinzufügen. Klicken Sie auf die ReEinfügen, und wählen Sie dann die gewünschten Elemente aus den verschiedenen Katalogen aus.

Abbildung 6-1: Ein Word Dokument mit mehreren Bearbeitern

Hinweis

Die Markierung der Bearbeiter im Text kann je nach Version (Desktop-App oder Browser) abweichen. Um zu sehen, wer noch am Dokument arbeitet, klicken Sie oben rechts auf das Icon **X andere Personen sind anwesend**.

Jedes Teammitglied kann Änderungen an dieser Datei vornehmen. Jedes Mitglied kann für sich selbst entscheiden, ob es Änderungen machen möchte oder nicht. Die Wahl kann über das in der folgenden Abbildung gezeigt Feld gemacht werden.

Abbildung 6-2: Jeder entscheidet für sich selbst, ob er Änderungen machen kann

Im Kapitel **SharePoint: Unser gemeinsames Laufwerk** haben Sie gesehen, wie Sie als Besitzer des Dokuments den Zugriff regeln.

Alle Änderungen am Dokument werden automatisch gespeichert. Wenn Änderungen in Ihrer Abwesenheit gemacht wurden, erkennen Sie dies an den blauen Punkten vor den jeweiligen Absätzen. In einem Popup wird der Name der Person angezeigt.

Abbildung 6-3: Die blauen Punkte sind für alle Teammitglieder der Hinweis, dass Änderungen gemacht wurden

Angenommen, es wurden Änderungen am Dokument vorgenommen. Über den Versionsverlauf verschaffen Sie sich in Word direkt Zugang zu einer früheren Version.

- Öffnen Sie das Dokument über den Browser.

- Klicken Sie in der Titelleiste auf den Dateinamen.

Abbildung 6-4: Die Versionen der Datei anzeigen

- Aktivieren Sie den Link **Versionsverlauf**.

- Klicken Sie im rechten Aufgabenbereich auf die gewünschte Version.

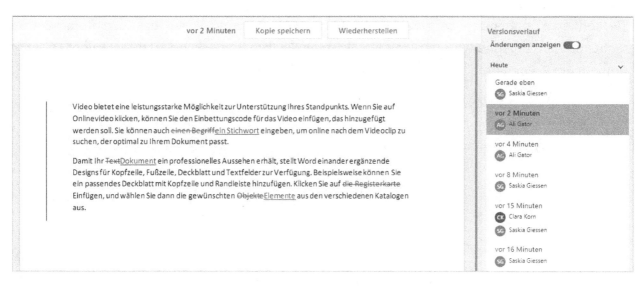

Abbildung 6-5: Eine ältere Version des Dokuments anzeigen lassen

Sie können die am Bildschirm angezeigte Version wiederherstellen, wenn Sie auf die gleichnamige Schaltfläche klicken. Für diesen Befehl darf niemand in dem Dokument arbeiten. Sie erhalten einen entsprechenden Hinweis und werden ermuntert, eine Kopie der Datei zu erstellen.

6.2 Gemeinsam in einer Excel Mappe arbeiten

Auch mit einer Excel Mappe können Sie alleine oder mit mehreren Personen gleichzeitig arbeiten. Am farbigen Rand der Zellen und den Initialen erkennen Sie, wer zurzeit in welcher Zelle arbeitet.

Abbildung 6-6: Alle Personen im Tabellenblatt sind farbig gekennzeichnet

Sie können Kommentare an eine Zelle anfügen. Mit einem Klick auf das Icon **Kommentare** rechts und anschließend auf das Icon **Neu** können Sie Ihre Bemerkung erfassen. In der Desktop App nutzen Sie den Befehl **Neuer Kommentar** im Kontextmenü der rechten Maustaste.

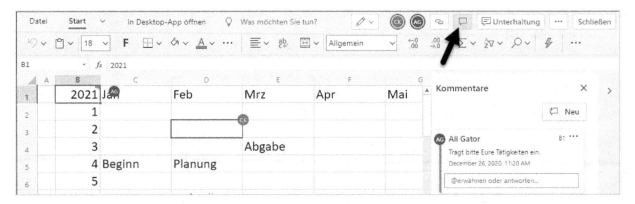

Abbildung 6-7: Der Kommentarbereich wird am rechten Rand eingeblendet

Alle Änderungen an der Mappe werden automatisch gespeichert.

⌐ Hinweis

Das Anzeigen des Versionsverlaufs können Sie hier über den SharePoint machen. Dies wurde weiter oben bereits beschrieben.

⌐

6.3 Gemeinsam an einer PowerPoint Präsentation arbeiten

Auch in einer PowerPoint Präsentation können Sie alleine oder mit mehreren Personen gleichzeitig arbeiten. An den Farben erkennen Sie, wer zurzeit in welcher Folie bzw. an welchem Formelement arbeitet.

Abbildung 6-8: Sie erkennen welche Person auf welcher Folie an welchem Objekt arbeitet

Der blaue Punkt in der Foliennavigation zeigt an, dass Sie sich diese Folie, die von einem Kollegen eingefügt wurde, noch nicht angesehen haben bzw. dass Änderungen vorgenommen wurden.

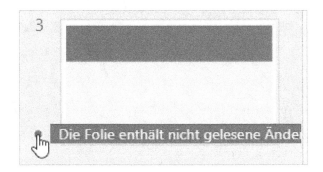

Abbildung 6-9: Der Hinweis auf eine neue Folie

Wie in den anderen Apps auch, können Sie über die Kommentare mit den anderen Personen in Kontakt treten. Wie in Word können Sie sich im Browser den Versionsverlauf anzeigen lassen.

- Klicken Sie in der Titelleiste auf den Dateinamen und aktivieren Sie den Link **Versionsverlauf**.

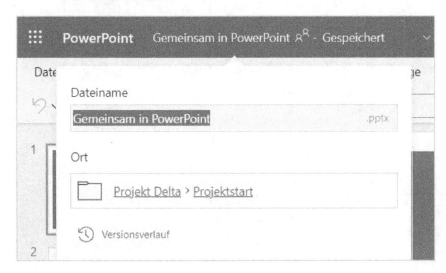

Abbildung 6-10: Die Anzeige der Versionen

- Klicken Sie im rechten Aufgabenbereich auf die gewünschte Version.

Abbildung 6-11: Die Versionen der PowerPoint-Datei

Sie können die am Bildschirm angezeigte Version wiederherstellen, wenn Sie auf die gleichnamige Schaltfläche klicken. Für diesen Befehl darf niemand in dem Dokument arbeiten. Sie erhalten einen entsprechenden Hinweis und werden ermuntert, eine Kopie der Datei zu erstellen.

7 OneNote: Einfach und vielseitig

OneNote ist die Anwendung, in der Sie Ihre Notizen und Ideen in einem digitalen Notizbuch ablegen. Sie können die Notizbücher alleine zur Sammlung von Informationen nutzen oder mit mehreren Kollegen teilen.

Sie können OneNote über den Browser oder über die Desktop-App einsetzen. Die Desktop-App heißt OneNote für Windows 10. Wenn Sie die App **Teams** einsetzen und Sie möchten ein Notizbuch innerhalb einer Teamsgruppe nutzen, können Sie es direkt in einem Kanal anlegen. Der letzte Abschnitt in diesem Kapitel beschreibt das Anlegen eines Notizbuches innerhalb von Teams.

7.1 Ein Notizbuch anlegen

In diesem Beispiel sollen die Besprechungsprotokolle einer Firma dokumentiert werden.

- Starten Sie `Office.com`, melden Sie sich an und öffnen Sie die Online App **OneNote**.

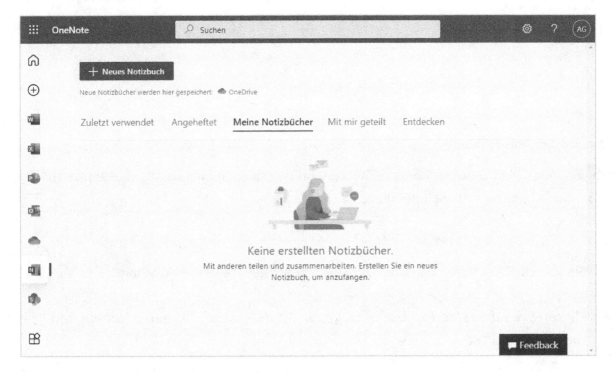

Abbildung 7-1: Zu Beginn ist noch kein Notizbuch vorhanden

- Klicken Sie auf das Icon **+ Neues Notizbuch**.

- Geben Sie Ihrem Notizbuch einen Namen. Unter diesem Namen wird es in Ihrem **OneDrive** im Ordner **Notizbücher** gespeichert. Von hier aus können Sie alle Notizbücher bearbeiten.

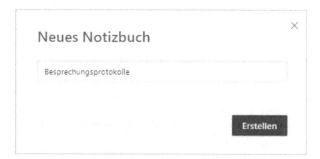

Abbildung 7-2: Ein neues Notizbuch anlegen

- Klicken Sie auf die Schaltfläche **Erstellen**.

Abbildung 7-3: Das leere Notizbuch

Innerhalb dieses Notizbuches können Sie Abschnitte anlegen. Innerhalb dieser Abschnitte fügen Sie dann beliebig viele Seiten ein.

Tipp

Wenn Sie wissen, Sie erstellen nur eine Seite, dann benötigen Sie keinen Abschnitt.

- Klicken Sie auf das Icon **+ Abschnitt**, geben Sie dem Abschnitt einen Namen und klicken Sie auf **OK**.

- Sie erhalten sofort eine leere Seite, die bei OneNote auch **Zeichnungsblatt** genannt wird. Der Cursor blinkt auf der leeren Seite über der Datumsangabe. Geben Sie der Seite direkt einen Namen.

Abbildung 7-4: Die erste Seite ist im Abschnitt **1. Quartal 2021**

Hinweis

Mit einem Rechtsklick auf den Abschnitts- bzw Seitennamen stehen Ihnen viele Befehle zur Verfügung. Um der Seite einen anderen Namen zu geben, klicken Sie in den Text über der Datumsangabe.

Wenn Sie die Anzeige der Abschnitte und Seiten während Ihrer Arbeit ausblenden möchten, klicken Sie oben links auf das Icon ▉▉.

7.2 Texte, Tabellen und Listen in die Seite einfügen

Auf dieser Seite sollen nun Texte, eine Tabelle mit den Teilnehmern der Besprechung und zwei Listen eingefügt werden. Dabei soll eine Liste als Aufgabenliste erzeugt werden.

Texte erfassen und gestalten

Sie können an jeder Stelle auf der Seite Ihre Texte erfassen.

- Klicken Sie an die Stelle, an der Sie Ihren Text erfassen möchten. Er erscheint ein kleines Dreieck, neben dem Sie sofort losschreiben können.

- Klicken Sie anschließend an eine andere Stelle und Ihrer Seite. Wenn Sie jetzt wieder auf den ersten Text zeigen, erscheint der Text im Kasten. Den Kasten können Sie nun an jede Stelle auf Ihrer Seite ziehen und jederzeit Veränderungen vornehmen.

69

Wenn Sie den Text gestalten möchten, stehen Ihnen mehrere Möglichkeiten zur Verfügung. Lassen Sie den Cursor im Kasten stehen, aktivieren Sie die Registerkarte **Start** und wählen Sie an der Schaltfläche **Formatvorlagen** das gewünschte Muster aus. Oder markieren Sie den Text und gestalten Sie ihn über die Befehle in der Registerkarte **Start**.

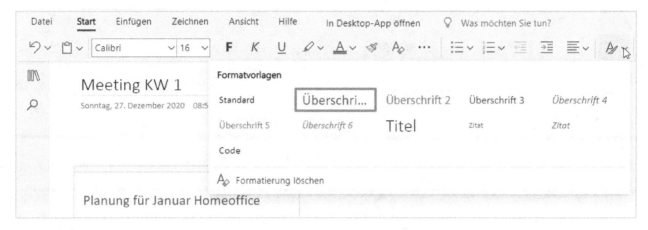

Abbildung 7-5: Den Text im Kasten über die Formatvorlagen schnell gestalten

Tabellen erstellen

Jetzt soll eine Tabelle mit den Namen der Teilnehmer einer Besprechung erstellt werden.

- Klicken Sie auf die Seite und erfassen Sie eine Überschrift für die Tabelle.

- Aktvieren Sie die Registerkarte **Einfügen** und klicken Sie auf das Icon **Tabelle**.

- Markieren Sie die Anzahl der Zellen, die Sie benötigen.

Abbildung 7-6: Die Tabelle soll nur aus einer Spalte bestehen

- Erfassen Sie die Namen und drücken Sie [⇥], um den Cursor in die nächste Zelle zusetzen.

Abbildung 7-7: Eine Tabelle auf der Seite

⌐ Hinweis

Immer, wenn der Cursor in der Tabelle steht, erscheint die Registerkarte **Tabelle**. Hier finden Sie Befehle, um die Tabelle zu gestalten, zu erweitern oder zu reduzieren.

Listen erfassen und Kategorien zuweisen

OneNote macht es Ihnen sehr einfach, übersichtliche Listen zu erstellen.

- Klicken Sie auf Ihre Seite.

- Erfassen Sie den Text und markieren Sie anschließend die Zeilen, die eine Nummerierung erhalten sollen.

- Klicken Sie auf die Schaltfläche **Nummerierung**. Damit erhalten die markierten Zeilen eine fortlaufende Nummernfolge.

- Wenn Sie einer Zeile innerhalb dieser Liste eine Kategorie zuweisen möchten, klicken Sie in die Zeile. Klicken Sie auf die Schaltfläche **Tags** und wählen Sie eine Kategorie aus.

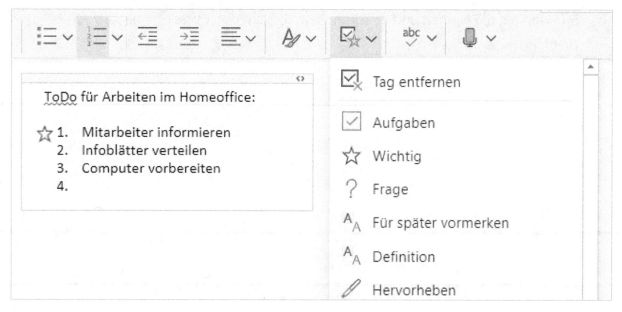

Abbildung 7-8: Eine Kategorie für die markierte Zeile zuweisen

Die Tags können Sie in OneNote auch als Aufgabenliste nutzen. Die folgende Abbildung zeigt ein Beispiel. Die Häkchen-Felder werden, wie der Stern auch, per Klick zugewiesen und können dann später mit einem Klick als **Erledigt** gekennzeichnet werden.

ToDo für Arbeiten im Homeoffice:

☑ 1. Mitarbeiter informieren
☐ 2. Infoblätter verteilen
☐ 3. Computer vorbereiten
☐ 4. Telefon umleiten

Abbildung 7-9: Eine Aufgabenliste in OneNote

Über das Icon **+ Seite** fügen Sie weitere Seiten in den Abschnitt **2. Quartal 2021** ein. Mit einem Klick auf das Icon **+ Abschnitt** fügen einen neuen Abschnitt ein. Alle Abschnitte und alle darin enthaltenen Seiten sind in der Datei, in diesem Beispiel heißt sie **Besprechungsprotokolle**, gespeichert.

7.3 Das Notizbuch teilen

Ihr Notizbuch liegt in Ihrem OneDrive und steht zurzeit nur Ihnen zur Verfügung. Um das Notizbuch mit mehreren Personen zu teilen, führen Sie die folgenden Schritte durch:

- Klicken Sie auf die Schaltfläche **Teilen**.

- Mit einem Klick auf den Text **Von Ihnen angegebene Personen können bearbeiten** entscheiden Sie, was die von Ihnen ausgewählten Personen mit diesem Notizbuch machen dürfen.

- Wählen Sie die Personen aus und erfassen Sie, wenn gewünscht im Feld **Nachricht hinzufügen**, einen kurzen Text zur Information. Mit einem Klick auf das Icon **Outlook** öffnen Sie Outlook und die von Ihnen gewählten Personen stehen bereits im Feld **An**. Der Zugriff auf Ihr Notizbuch liegt als Link vor. Schreiben Sie die Nachricht und senden Sie sie ab.

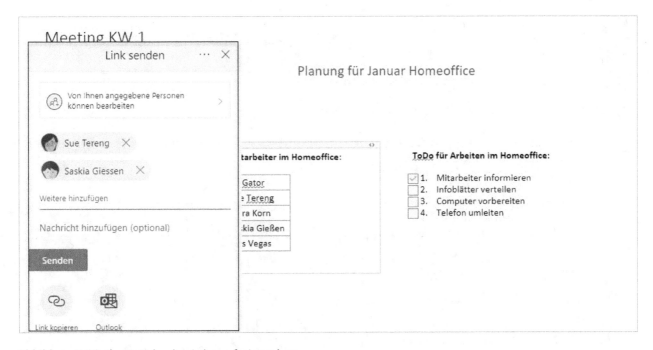

Abbildung 7-10: Ihr Notizbuch wird nun freigegeben

- Klicken Sie auf die Schaltfläche **Senden**. Die Empfänger erhalten eine Mail mit dem Hinweis auf den Zugriff.

7.4 Ein Notizbuch in Teams anlegen

Wenn Sie von Anfang an wissen, dass Sie ein Notizbuch mit mehreren Personen gemeinsam einsetzen möchten und Sie sind mit dieser Personengruppe bereits in einem Team innerhalb der App **Teams** verbunden, dann legen Sie es in Teams an. Führen Sie dazu die folgenden Schritte durch:

- Starten Sie **Teams** und wechseln Sie in den gewünschten Kanal.

- Klicken Sie im oberen Teil des Fensters auf das + - Symbol und klicken Sie auf das Icon **OneNote**.

Abbildung 7-11: Diese Apps können Sie in einen Kanal einfügen

- Klicken Sie auf das Icon **Neues Notizbuch erstellen**, geben Sie einen Namen ein und klicken Sie auf das Icon **Speichern**.

Abbildung 7-12: Das Notizbuch in einem Kanal

Alle im Team sehen nun dieses Notizbuch und können Informationen erfassen. Dieses Notizbuch ist im SharePoint gespeichert. Von hier aus können Sie es ebenfalls bearbeiten und ggf. die Zugriffe der Teammitglieder einschränken.

8 Planner

Die App **Planner** ist das digitale Aufgabenbrett für mehrere Personen und bietet Ihnen einen einfachen Weg zur Organisation Ihrer Teamarbeit.

Mit dem **Planner** können Sie schnell ein Board erstellen und sofort Aufgaben darauf erfassen. Sie können jeder Aufgabe eine oder mehrere Personen zuordnen, die für die Bearbeitung und Erledigung zuständig sind.

Die Aufgabe wird zu Beginn auf der linken Seite Ihres Boards gezeigt und wird durch die Verantwortlichen weiter nach rechts geschoben. So erkennt jeder, der einen Blick auf Ihren Plan (Board) wirft, wie der Bearbeitungsstand jeder Aufgabe ist.

Sie können ein Aufgabenbrett auch innerhalb von Teams erstellen. Dadurch haben alle Teammitglieder automatisch schon den Zugriff auf alle Aufgaben innerhalb des Boards und bekommen die Hinweise auf eine Aufgabe als Benachrichtigung in Teams. Im letzten Abschnitt dieses Kapitels wird das Erstellen eines Aufgabenbretts innerhalb der App **Teams** beschrieben.

┌ **Hinweis**

Wenn Sie nur eine einfache Aufgabenliste erstellen möchten, die nur Sie sehen und bearbeiten, dann empfehlen wir Ihnen die App **To Do**, die auch in diesem Buch beschrieben wird.
                                                                                                                                                      ┘

8.1 Den Aufgabenplan vorbereiten

In diesem Beispiel soll ein Board zum Planen eines Office-Seminars erstellt werden.

- Starten Sie `Office.com`, melden Sie sich an und öffnen Sie die App **Planner**.
- Klicken Sie links auf das Icon **Neuer Plan.**
- Geben Sie Ihrem Plan einen Namen und entscheiden Sie, wer das Board sehen kann.

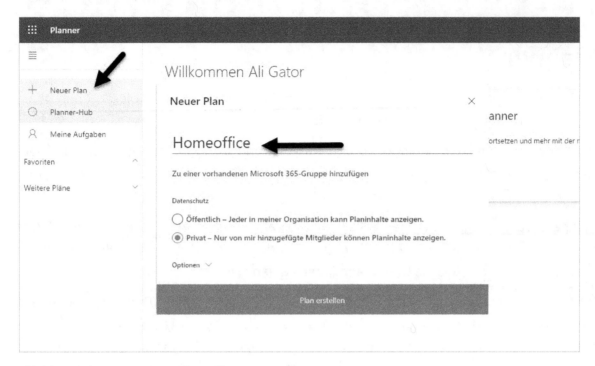

Abbildung 8-1: Ein neues Board erstellen

- Klicken Sie auf die Schaltfläche **Plan erstellen**.

Ihr neuer Plan wird sofort angezeigt. Sie können direkt beginnen, die Mitarbeiter, die mit Ihnen im Plan arbeiten werden, zu bestimmen.

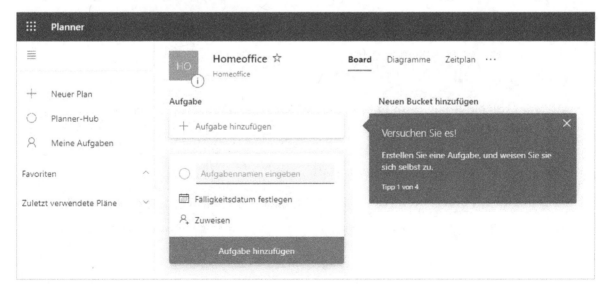

Abbildung 8-2: Der neue Aufgabenplan

8.2 Mitarbeiter des Plans bestimmen

Mit den folgenden Schritten holen Sie Kollegen in Ihr Aufgabenbrett.

- Klicken Sie oben rechts auf das Icon **Mitglieder**.

- Geben Sie den Namen der Person ein und klicken Sie einmal darauf.

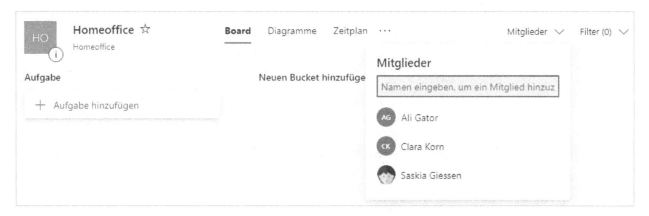

Abbildung 8-3: Mitglieder für Ihren Plan hinzufügen

Führen Sie diese Schritte solange durch, bis Sie alle Personen, die innerhalb Ihres Aufgabenbrettes mitarbeiten oder nur informiert werden sollen, ausgewählt sind. Die Personen werden per E-Mail über die Aufnahme in Ihr Board informiert.

Wenn Sie alle zuständigen Personen ausgewählt haben, können Sie beginnen die Aufgaben zu erfassen und zu delegieren.

8.3 Aufgaben erstellen

Eine Aufgabe erzeugen

Sie können beliebig viele Aufgaben auf Ihr Board einfügen.

- Klicken Sie ins Feld **Aufgabe hinzufügen**.

- Geben Sie im Feld **Aufgabennamen einfügen** den Grund der Aufgabe ein.

- Wählen Sie ein Fälligkeitsdatum aus.

- Bestimmen Sie, wenn gewünscht, die zuständige(n) Person(en).

Wenn die Person bereits Mitglied in Ihrem Plan ist, können Sie sie einfach auswählen. Wenn Sie eine Person aus Ihrer Organisation auswählen, die nicht Mitglied in Ihrem Plan ist, erscheint ein Hinweisfenster. Sollten Sie zustimmen, wird diese Person auch in Ihren Plan aufgenommen.

Abbildung 8-4: Die erste Aufgabe erfassen

- Klicken Sie auf das Icon **Aufgabe hinzufügen** und klicken Sie anschließend auf den weißen Hintergrund.

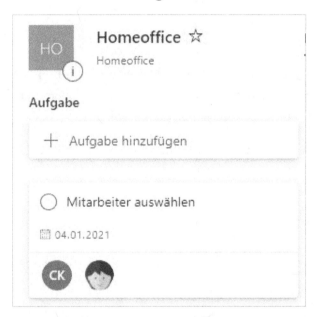

Abbildung 8-5: Die erste Aufgabe „klebt" auf dem Board

- Erstellen Sie weitere Aufgaben.

Hinweis

Die Mitglieder erhalten eine E-Mail, dass sie eine Aufgabe zu erledigen haben. Wenn Sie den Plan innerhalb der App **Teams** erstellt haben, erhalten die Mitglieder eine Benachrichtigung.

8.4 Aufgaben bearbeiten

Jede Aufgabe kann in einem Dialog verfeinert werden.

Aufgaben kategorisieren

Zu Beginn werden die Aufgaben kategorisiert. Durch das Zuweisen von Farben erkennt jeder, zu welchem Thema die Aufgabe gehört.

- Klicken Sie auf die Aufgabe, die Sie einer Gruppe zuweisen möchten.

- Klicken Sie ins Feld **Bezeichnung hinzufügen**. Zeigen Sie auf eine Farbe und geben Sie einen Namen für die erste Kategorie.

Abbildung 8-6: Die Farbkategorien finden Sie im Feld **Bezeichnung hinzufügen**

- Klicken Sie zusätzlich auf die Farbe, um der Aufgabe die Farbe zuzuweisen.

Abbildung 8-7: Die Farbkategorien im Einsatz

Jeder, der auf den Plan sieht, erkennt zu welcher Kategorie die Aufgabe gehört.

⌐**Hinweis**

Mit einem Klick auf die drei Punkte und auf den Eintrag **Bezeichnung** können Sie die Farbkategorie auch einer geschlossenen Aufgabe zuweisen.

⌐

Aufgaben verfeinern

Wenn Sie weitere Informationen zu einer Aufgabe machen möchten, klicken Sie auf die Aufgabe und öffnen somit das Fenster zur Bearbeitung.

- Wenn Sie weitere Angaben zu der Aufgabe machen möchten, klicken Sie einmal auf die Aufgabe.

- Machen Sie die Angaben zum **Status**, zur **Priorität** und zum **Startdatum**.

- Um die Aufgabe in Teilaufgaben zu verteilen, klicken Sie auf den Eintrag **Element hinzufügen**, erfassen Sie die Teilaufgabe und drücken Sie ↵ .

- Sie erhalten ein weiteres Element, in das Sie auch wieder eine Teilaufgabe erfassen können.

- Setzen Sie unbedingt den Haken **Auf Karte anzeigen**, damit Sie die Elemente direkt auf Ihrem Plan in der Karte sehen.

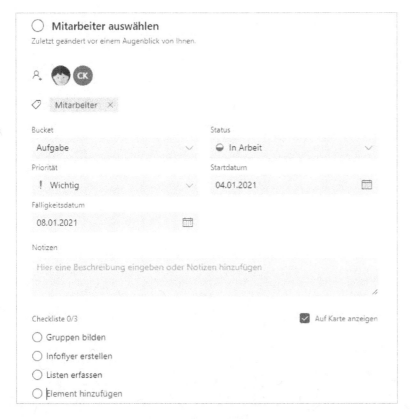

Abbildung 8-8: Eine Checkliste auf der Aufgabe erstellen

- Schließen Sie die Aufgabe. Ihre Änderungen werden automatisch gespeichert.

Abbildung 8-9: Die Checkliste auf der Aufgabe

Jede Teilaufgabe kann nun separat abgeschlossen werden. Dieses wird weiter unten beschrieben.

- Im Feld **Notizen** finden Sie Platz, um Ihre Aufgabe weiter zu präzisieren.

- Setzen Sie unbedingt den Haken **Auf Karte anzeigen**, damit Sie die Notiz direkt auf Ihrem Plan in der Karte sehen.

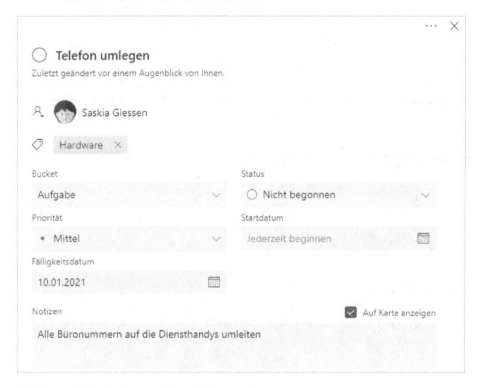

Abbildung 8-10: Notizen auf der Aufgabe erfassen

- Schließen Sie die Aufgabe. Ihre Änderungen werden automatisch gespeichert.

Abbildung 8-11: Notizen auf der Aufgabe

Dateien an eine Aufgabe hängen

Sie können eine Datei an eine Aufgabe hängen. Jede Person, die Zugriff auf den Plan hat, kann diese Datei sehen und bearbeiten. Es ist eine Kopie Ihrer Originaldatei.

- Öffnen Sie die Aufgabe und klicken Sie auf die Schaltfläche **Anlage hinzufügen**.

Abbildung 8-12: Den Speicherort der Datei auswählen

- Wählen Sie den Speicherort aus und doppelklicken Sie auf die Datei.

Abbildung 8-13: Jedes Mitglied dieses Plans kann die Datei sehen und Änderungen daran vornehmen

So sieht die Datei auf der Aufgabenkarte aus:

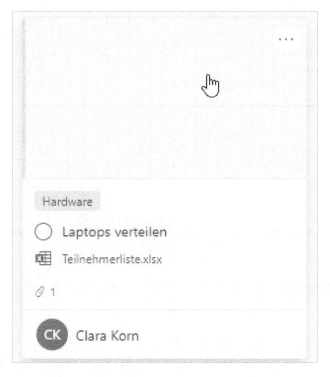

Abbildung 8-14: Die Datei auf der Aufgabenkarte

8.5 Die Buckets einrichten

Buckets heißen die Spalten, in die die Aufgabenzettel während der Abarbeitung der Aufgaben gezogen werden. Sie können mehrere Buckets in Ihren Plan einfügen. Sie dienen der Übersichtlichkeit. Jede Person, die auf den Plan sieht, erkennt den Bearbeitungsstatus der Aufgaben.

- Klicken Sie auf den Eintrag **Neuen Bucket hinzufügen**.

Abbildung 8-15: Buckets sind die Spalten

- Geben Sie dem Bucket einen Namen und drücken Sie ⏎.
- Fügen Sie alle Buckets in Ihren Plan ein.

Abbildung 8-16: Buckets können umbenannt werden

- Während der Bearbeitung können die Aufgaben von einem Bucket in ein anderes Bucket gezogen werden.

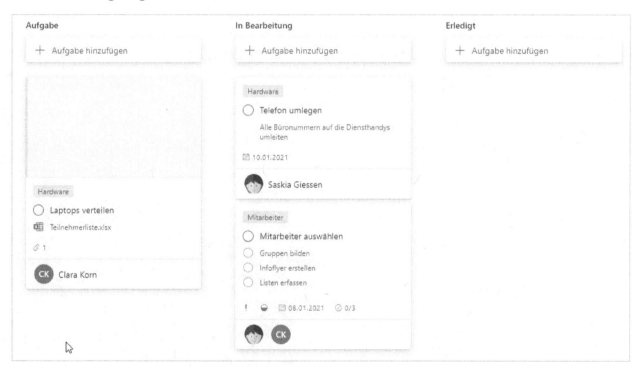

Abbildung 8-17: Die Aufgaben werden in die Buckets gezogen

8.6 Aufgaben erledigen

Aufgaben können als „Erledigt" gekennzeichnet werden.

- Ziehen Sie die Aufgabe in das Bucket **Erledigt**.

- Klicken Sie in den Kreis **Aufgabe abschließen** vor dem Aufgabennamen.

Die Aufgabe wird durchgestrichen und in der Gruppe **Erledigte anzeigen** ausgeblendet.

Abbildung 8-18: Die platzsparende Anzeige erledigter Aufgaben

- Mit einem Klick auf **Erledigte anzeigen** lassen Sie sich die abgeschlossenen Aufgaben noch einmal anzeigen.

Abbildung 8-19: Die erledigten Aufgaben

Sie können den Haken **Aufgabe reaktivieren** auch wieder mit einem Klick entfernen.

8.7 Aufgaben darstellen

Die App Planner bietet Ihnen die Möglichkeit, die Aufgabenverteilung auch als Diagramm darzustellen.

- Klicken Sie am oberen Rand auf den Eintrag **Diagramme**.

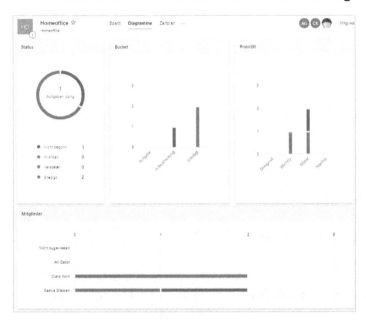

Abbildung 8-20: Die Aufgabendarstellung in Diagrammform

- Klicken Sie auf den Eintrag **Board**, um wieder die gewohnte Darstellung zu sehen.

Am rechten oberen Rand haben Sie weitere Möglichkeiten, sich die Aufgaben anzeigen zu lassen. Über den Eintrag **Filter** können Sie sich nur bestimmte Aufgaben anzeigen lassen. So können Sie sich beispielsweise nur die Aufgaben eines bestimmten Mitglieds oder eine bestimmten Priorität anzeigen.

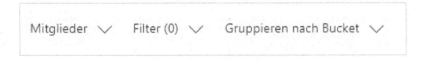

Abbildung 8-21: Die Aufgaben können gefiltert oder gruppiert werden

Über den Befehl **Gruppiert nach** entscheiden Sie, wie die Aufgaben gezeigt werden. So können Sie sich beispielsweise die Aufgaben gruppiert nach Priorität anzeigen lassen.

8.8 Planner in der App Teams

Wenn Sie ein Aufgabenbrett für eine Gruppe von Menschen erstellen möchten, die bereits Mitglieder eines Teams in der App **Teams** sind, dann erstellen Sie es direkt in einem Kanal. Hier heißt die App **Tasks von Planner und ToDo**.

- Öffnen Sie den Kanal in der App **Teams**, in der Sie das Aufgabenbrett erstellen möchten.

- Klicken Sie im oberen Teil des Fensters auf das + - Symbol.

Abbildung 8-22: Einen Aufgabenplan innerhalb eines Kanals in der App **Teams** erstellen

- Wählen Sie die App **Tasks von Planner und ToDo** aus und geben Sie Ihrem Plan einen Namen.

- Im oberen Teil des Fensters finden jetzt alle Teammitglieder die Registerkarte zum Aufgabenplan.

Abbildung 8-23: Der Aufgabenplan innerhalb eines Teams

Die Bearbeitung der Aufgaben und das Erstellen der Buckets sind genauso wie weiter vorne beschrieben.

9   Sway

Mit der App **Sway** erstellen Sie ganz schnell und einfach eine Info-Show (Präsentation). Durch das integrierte Layoutmodul wirkt das Ergebnis locker und leicht.

Hinweis

Der Begriff **Präsentation** wird von Microsoft innerhalb von Sway vermieden. Das Ergebnis wird als „Sway" bezeichnet. Sway bedeutet „Schwanken".

9.1   Die Möglichkeiten mit Sway

Die App **Sway** beinhaltet bereits zu Beginn viele Vorlagen, die Sie sich einmal ansehen sollten, um einen Überblick über die Möglichkeiten zu erhalten.

- Starten Sie `Office.com`, melden Sie sich an und öffnen Sie die App **Sway**.

Abbildung 9-1: Die Vorlagen von Sway bietet einen Überblick über die Möglichkeiten

- Klicken Sie auf den Link **Weitere Vorlagen** und klicken Sie auf eine Vorlage.
- Durch Drücken der ⎵Leer-Taste blättern Sie durch die Präsentation. Sie erhalten einen guten Überblick über den Aufbau.

Hinweis

Wenn Ihnen die Vorlage gefällt, klicken Sie auf das Icon **Mit der Bearbeitung des Sways beginnen**. Dann können Sie Ihre Fotos und Ihre Texte einfügen.

- Um die Vorlage zu schließen und in den Ausgangsbildschirm mit allen Vorlagen zu gelangen, schließen Sie das Browserfenster.

9.2 Ein neues Sway erstellen

In diesem Beispiel wird ein Sway zum Thema Fossiliensuche erstellt.

Hinweis

In PowerPoint heißen die Elemente mit den Texten und Bildern **Folien**, in Sway heißen sie **Karten**.

Abbildung 9-2: Die erste Karte für den Titel Ihres Sway

Die Titelkarte

Die erste Karte sollte den Titel und ein Eingangsfoto zum Thema enthalten.

- Klicken Sie auf den Text **Titel für Ihr Sway** und geben Sie die Überschrift ein.

- Um ein Foto einzufügen, klicken Sie in den Bereich **Hintergrund**.

Jetzt entscheiden Sie, ob Sie Fotos aus dem Web, von Ihrem OneDrive oder Ihrem Computer laden möchten.

- Blättern Sie im rechten Teil des Bildschirms nach unten und klicken Sie auf das Icon **Mein Gerät**.

Abbildung 9-3: Sie entscheiden, woher die Fotos kommen

Nachdem Sie ein Foto eingefügt haben, können Sie entscheiden, welches der wichtigste Teil des Fotos ist. Damit beim Anzeigen z.B. auf dem Handy dieser Teil sichtbar ist, müssen Sie ihn kennzeichnen. Standardmäßig wählt Sway die beste Darstellung in Abhängigkeit von Ihrem Gerät und Stil aus.

- Klicken Sie auf das Icon **Fokuspunkte**, das dann sichtbar ist, wenn Sie ein Foto in Ihre Karte eingefügt haben.
- Klicken Sie auf den wichtigsten Punkt des Fotos.

Abbildung 9-4: Die Fokuspunkte stellen sicher, dass das Bild richtig gezeigt wird

Tipp

Sie können auch mehrere Fokuspunkte auf einem Foto setzen.

Um nun zu sehen, wie die erste Karte im Vortrag aussieht, klicken Sie oben rechts auf das Icon **Wiedergeben**. Mit der $\boxed{\text{Esc}}$-Taste brechen Sie die Vorschau ab.

Eine neue Karte einfügen

Ein Sway besteht in der Regel aus mehreren Karten. Diese Karten können Texte, Bilder oder Überschriften enthalten.

- Klicken Sie unter der ersten Karte auf das Icon **Inhalt einfügen.**

Die Karten sind in die Kategorien **Vorgeschlagen**, **Text**, **Medien** und **Gruppe** unterteilt. So wie auf der ersten Karte für den Titel, enthalten alle Karten Platzhalter für die Elemente.

Abbildung 9-5: Eine neue Karte einfügen

- Klicken Sie auf das Icon **Überschrift 1**.

- Geben Sie den Titel ein und fügen Sie ein passendes Foto hinzu.

Abbildung 9-6: Eine Überschriftenkarte

Jetzt sollen zu der Überschrift mehrere Fotos gezeigt werden.

- Klicken Sie auf das Icon ⊕ **Inhalt einfügen** und wählen Sie den Eintrag **Stapel**.

- Klicken Sie in den Bereich **Inhalt einfügen** und klicken Sie auf das Icon **Bild**.

- Wählen Sie direkt mehrere Bilder aus.

Abbildung 9-7: Die Gruppe der Bilder wird zusammen gezeigt

Sie entscheiden, wie die Gruppe dieser Bilder während des Vortrags gezeigt wird. Standardmäßig ist die Darstellung **Stapel** gewählt. Das bedeutet, die Bilder liegen zu Beginn wie auf einem Stapel und werden nacheinander gezeigt.

- Klicken Sie in den Titel **Gruppe: Stapel**, um die Darstellungsweise zu ändern.

Abbildung 9-8: Die Gruppe der Bilder wird zusammen gezeigt

- Klicken Sie auf das Icon ⬚ **Die Hervorhebung auf dieser Karte auf Intensiv festlegen**. Damit werden die Fotos während der Vorführung vergrößert.

⌐ **Tipp**

Sehen Sie sich die verschiedenen Gruppentypen **Stapel**, **Diaschau**, **Raster** etc. einmal an.
⌐

Um zu sehen, wie die ersten Karten im Vortag aussehen, klicken Sie oben rechts auf das Icon **Wiedergeben**. Drücken Sie ⌐↓⌐, um die restlichen Karten anzeigen zu lassen. Mit der ⌐Esc⌐-Taste brechen Sie die Vorschau ab.

- Klicken Sie neben jedes Bild auf den Eintrag **Beschriftung** und erfassen Sie einen kurzen Text zum Bild. Dieser Text wird beim Vortrag auch angezeigt.

9.3 Einstellungen für die Wiedergabe

Sie können Ihr Sway automatisch ablaufen lassen.

- Starten Sie die Wiedergabe und klicken Sie oben rechts auf das Icon **Die Einstellungen dieses Sways ändern**.

- Entscheiden Sie, wie lange jede Karte gezeigt wird.

Abbildung 9-9: Die Einstellungen für die Wiedergabe

- Klicken Sie auf **Start**.

Jetzt läuft Ihr Sway endlos durch. Brechen Sie die Anzeige mit ⌐Esc⌐ ab,

9.4 Das Sway teilen

Nach der Fertigstellung Ihres Sways können Sie Ihr Ergebnis mit anderen Personen innerhalb des Unternehmens oder mit der ganzen Welt teilen.

- Klicken Sie oben rechts auf den Link **Teilen**.

Abbildung 9-10: Das Sway teilen

Bei jeder Auswahl entscheiden Sie als Ersteller, ob Ihr Sway von den Nutzern gesehen (Anzeigen) oder geändert (Bearbeiten) werden kann.

Die Option **Anzeigende können die „Teilen"-Schaltfläche sehen** bewirkt, dass die Empfänger des Sways dieses weiter teilen können.

Sie können Ihr Sway mit einer beliebigen Person oder Gruppe innerhalb des Unternehmens per Link in einer E-Mail teilen. Über die Schaltfläche **Einbettungscode abrufen** erhalten Sie einen Code, um Ihr Sway in eine Webseite einzubetten.

10 Forms

Mit der App **Forms** erstellen Sie Umfragen bzw. Fragebögen, die die Befragten online beantworten können. Sie müssen keine einzige Zeile programmieren. Die Bögen versenden Sie online und die Antworten werden automatisch für Sie gesammelt, ausgewertet und präsentiert.

10.1 Einen Fragebogen erstellen

In diesem Beispiel sollen die Mitarbeiter einer Firma einen Fragebogen erhalten, in dem sie zur Zufriedenheit über die Kantine befragt werden.

- Starten Sie `Office.com`, melden Sie sich an und öffnen Sie die App **Forms**.

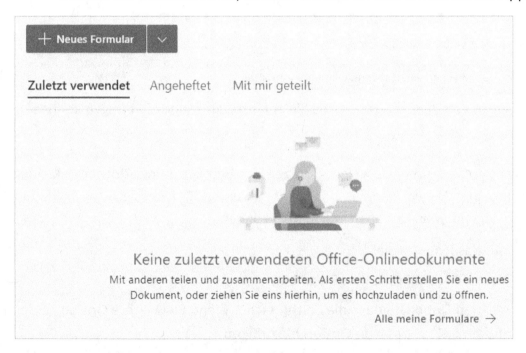

Abbildung 10-1: Ein Formular entspricht einem Fragebogen, ein Quiz kann eine Prüfung oder ein Spiel sein

⌐ **Hinweis**

Ein Quiz ist genauso aufgebaut wie ein Fragebogen, nur dass Sie für jede Antwort Punkte vergeben können.   ⌐

- Klicken Sie auf das Icon **+ Neues Formular**.

- Klicken Sie auf den Text **Unbenanntes Formular** und geben Sie Ihrem Fragebogen einen aussagekräftigen Namen.

- Erfassen Sie, wenn Sie möchten, einen Untertitel.

- Klicken Sie anschließend auf **Neue Frage hinzufügen.**

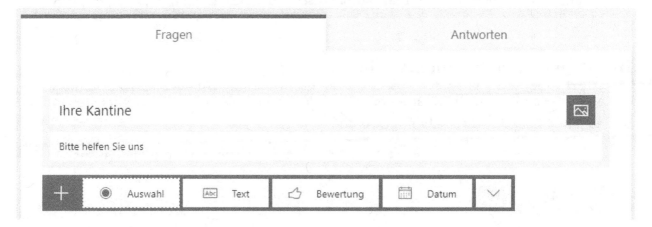

Abbildung 10-2: Der Fragebogen kann verschiedene Elemente enthalten

Zu Beginn sehen Sie vier verschiedene Felder, die Sie auf Ihren Fragenbogen bringen können.

Optionsfelder

Im ersten Teil möchten Sie wissen, zu welcher Uhrzeit der Befragte in der Regel die Kantine besucht. Dabei sollen drei Auswahlvarianten angeboten werden. Der Befragte soll dabei nur eine, der von Ihnen angebotenen Optionen, auswählen können.

- Klicken Sie auf das Icon **Auswahl.**

- Geben Sie im ersten Feld **Frage** Ihre Frage ein.

- Erfassen Sie in den Optionsfeldern die Zeitbereiche. Wenn Sie weitere Optionsfelder brauchen, klicken Sie auf das Icon **Option hinzufügen**.

Abbildung 10-3: Sie können mit einem Klick auf **Option hinzufügen** weitere Optionsfelder hinzufügen

Wenn Sie zur gestellten Frage noch weitere Erklärungen abgeben möchten, können Sie einen Untertitel einblenden.

- Klicken Sie auf die drei Punkte **Weitere Einstellungen für Frage** und wählen Sie den Eintrag **Untertitel**.

- Erfassen Sie im neuen Feld, das unterhalb der Frage erschienen ist, die Erklärung.

Mit einem Klick auf **Option "Sonstige" hinzufügen**, geben Sie Ihren Befragten die Möglichkeit, keine genauen Angaben machen zu müssen.

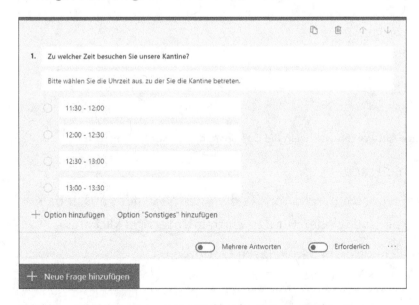

Abbildung 10-4: Mit einem Untertitel konkretisieren Sie Ihre Frage

⌐ Tipp

Wenn Sie wünschen, dass eine Frage unbedingt beantwortet wird, aktivieren Sie die Option **Erforderlich**.

⌐

Kontrollkästchen

In der zweiten Frage möchten Sie wissen, ob sich die Kantinenbesucher eine größere Auswahl wünschen. Dabei kann der Befragte mehrere Optionen auswählen.

- Klicken Sie auf das Icon **Neue Frage hinzufügen**.

- Klicken Sie wieder auf das Icon **Auswahl** und setzen Sie zusätzlich die Option **Mehrere Antworten**.

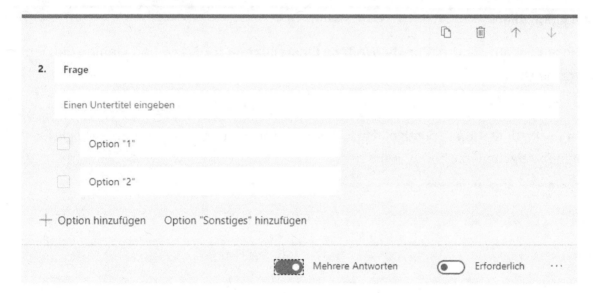

Abbildung 10-5: Durch die Option **Mehrere Antworten** wechseln die Optionsfelder zu Kontrollkästchen

- Erfassen Sie die Frage im Feld **Frage**.

- Wenn Sie keinen Untertitel wünschen, schalten Sie die Anzeige wieder aus, indem Sie auf die drei Punkte klicken und wieder auf den Eintrag **Untertitel** klicken.

- Geben Sie die Antwortmöglichkeiten in den Feldern **Option** ein.

Abbildung 10-6: Der Leser kann später mehrere Angebote auswählen

Bewertungen

Mit den Bewertungen machen Sie es Ihren Lesern einfach, Beurteilungen abzugeben. Dabei können Sie zwischen Sternen und Schulnoten wählen.

- Klicken Sie auf das Icon **Neue Frage hinzufügen**.
- Klicken Sie auf das Icon **Bewertung.**
- Geben Sie ins Feld **Frage** den Text ein.

Abbildung 10-7: Der Leser kann wie in einem Internetportal, seine Bewertung abgeben

Die nächste Frage soll mit Schulnoten beantwortet werden.

- Klicken Sie auf das Icon **Neue Frage hinzufügen**.
- Klicken Sie auf das Icon **Bewertung.**
- Geben Sie ins Feld **Frage** den Text ein.

- Wählen Sie am Feld **Symbol** den Eintrag **Zahl** aus und stellen Sie im Feld **Stufen** eine **6** ein.

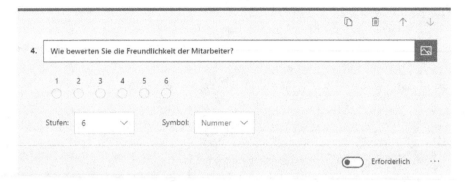

Abbildung 10-8: Hier findet die Bewertung nach Schulnoten statt

Texte

Wenn Sie Ihren Lesern die Möglichkeit zur freien Texteingabe geben möchten, dann nutzen Sie die Antwortmöglichkeit **Text**.

- Klicken Sie auf das Icon **Neue Frage hinzufügen**.

- Klicken Sie auf das Icon **Text.**

- Wählen Sie hier die Option **Lange Antwort.**

Abbildung 10-9: Lassen Sie Ihre Leser ihre eigenen Antworten verfassen

Hinweis

Mit der Option **Kurze Antwort** kann der Leser im Feld nicht auf die ⏎-Taste drücken. Die ganze Eingabe erfolgt in einer Zeile und ist bei längeren Texten schwer zu lesen.

Zahlen mit Einschränkungen

Mit dem Fragetyp **Text** können Sie auch ein Feld einfügen, in das nur eine Zahl innerhalb eines zuvor eingegrenzten Bereiches eingegeben werden kann.

- Klicken Sie auf das Icon **Neue Frage hinzufügen** und wählen Sie erneut **Text** aus.
- Erfassen Sie die Frage im ersten Feld.
- Klicken Sie auf die drei Punkte **Weitere Einstellungen für Frage** und wählen Sie den Eintrag **Einschränkungen**.
- Jetzt lässt die App Forms nur Zahleneingaben in das Textfeld zu.
- Über das neu hinzugekommene Feld **Einschränkungen** können Sie entscheiden, in welchem Wertebereich die Zahl liegen darf.

Abbildung 10-10: Grenzen Sie die Eingabemöglichkeit ein

Weitere Fragetypen

Mit dem Fragetyp **Rangfolge** erzeugen Sie Felder, die von den Teilnehmern durch Ziehen in die gewünschte Reihenfolge gebracht werden können. Mit dem Fragetyp **Likert** erzeugen Sie eine Kreuztabelle, in denen Sie Aussagen und Antworten definieren können. Mit dem Fragetyp **Net Promotor Score** erzeugen Sie eine ganz einfache Umfrage, in der Sie Noten von 1 bis 10 vergeben. Mit dem Fragetyp **Dateiupload** erzeugen Sie die Möglichkeit, Dateien abzulegen. Diese Datei wird auf einem SharePoint-Server gespeichert.

10.2 Den Fragebogen bearbeiten

Wenn Sie mit Ihrem Fragebogen fertig sind, können Sie beginnen, ihn zu gestalten.

Design

Mit den Designs peppen Sie Ihren Fragebogen auf.

- Klicken Sie auf das Icon **Designs** und wählen Sie eine Vorlage aus.

Abbildung 10-11: Mit einem Design machen Sie Ihren Fragebogen zu einem Hingucker

Mit einem Klick auf das Icon mit dem Plus-Symbol **Design anpassen**, können Sie ein Foto als Hintergrundbild wählen. Außerdem haben Sie hier die Möglichkeit, eine andere Farbe, z. B. Ihre Unternehmensfarbe auszuwählen.

Vorschau

Wenn Sie nun wissen möchten, wie dieser Fragebogen beim Befragten aussieht, nutzen Sie den Befehl **Vorschau**. Hier können Sie sich die Browser- und die Mobile-Vorschau anzeigen lassen.

- Klicken Sie auf das Icon **Vorschau**.

Abbildung 10-12: So sehen die Leser den Fragenbogen im Browser

- Klicken Sie auf das Icon **Mobiltelefon**.

Abbildung 10-13: So sehen die Leser den Fragenbogen im Mobiltelefon

- Klicken Sie das Icon **Zurück**.

Frage ändern oder löschen

Wenn Sie eine Frage nachträglich bearbeiten möchten, klicken Sie auf die Frage. Dadurch sind Sie direkt im Änderungsmodus und können die Frage bearbeiten. Mit einem Klick auf das Icon **Frage löschen** entfernen Sie die Frage.

Mit Hilfe der beiden Icons **Frage nach oben verschieben** bzw. **Frage nach unten verschieben** ändern Sie die Reihenfolge der Fragen.

Einstellungen des Fragebogens

Bevor Sie den Fragebogen verteilen, sehen Sie sich die Einstellungen an.

- Klicken Sie oben rechts auf die drei Punkte und wählen Sie den Befehl **Einstellungen**.

Im Bereich **Einstellungen** entscheiden Sie, wer diesen Fragebogen beantworten kann.

- Entfernen Sie den Haken im Feld **Namen erfassen**. So erscheint bei jeder Antwort nicht der Name der Person, die antwortet, sondern der Text **anonymous**.

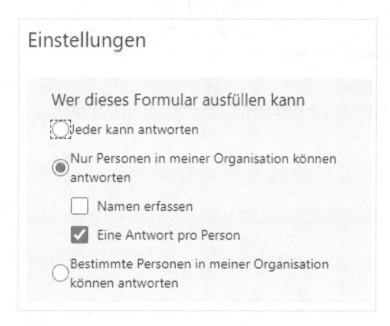

Abbildung 10-14: Die Einstellungen für den Fragebogen

- Setzen Sie den Haken im Feld **Eine Antwort pro Person**.

Optionen für Antworten

Über den Haken **Antworten akzeptieren** stellen Sie sicher, dass Ihre Fragen gesehen werden und jeder darauf antworten kann. Sollten Sie den Haken entfernen, erscheint ein Eingabefeld, in das Sie einen Text schreiben können. Dieser Text wird später bei den Empfängern angezeigt.

Abbildung 10-15: Die Optionen für die Antworten

In den Feldern **Start**- und **Enddatum** entscheiden Sie, innerhalb welchen Zeitraumes auf diese Frage geantwortet werden kann. Außerhalb des Zeitraums erfolgt der folgende Hinweis:

Abbildung 10-16: Die Meldung außerhalb des Zeitraumes

Benachrichtigungen

Die Dankeschön-Nachricht erscheint automatisch, wenn der Absender auf **Absenden** geklickt hat. Sie können diese Antwort personalisieren, in dem Sie den Haken Anpassen der Dankeschön-Nachricht aktivieren. Sie erhalten ein Feld, in das Sie Ihren Dankeschön-Text erfassen.

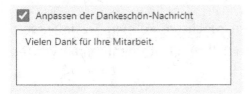

Abbildung 10-17: Die Dankeschön-Nachricht

10.3 Den Fragebogen verteilen

Forms bietet Ihnen drei Wege an, den Fragebogen zu verteilen.

- Klicken Sie auf das Icon **Teilen**.

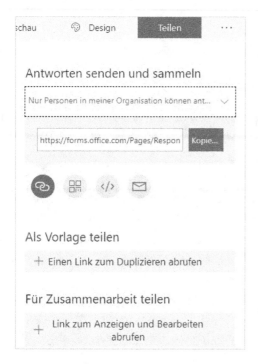

Abbildung 10-18: Antworten senden und sammeln

Über **Antworten senden und sammeln** schicken Sie Ihren Fragebogen an die Empfänger. Wenn ein Kollege Ihren Fragebogen als Basis für einen eigenen Fragebogen haben möchte, klicken Sie auf **Als Vorlage teilen.** Senden Sie den Link an den Kollegen und er kann Ihren Fragebogen als Vorlage einsetzen. Sollten Sie vor dem Veröffentlichen Ihres Fragebogens einen Kollegen um Rat bitten, wählen Sie **Für Zusammenarbeit teilen**. Alle Empfänger des Links können direkt Änderungen in Ihrem Fragebogen vornehmen.

Antworten senden und sammeln

Wenn Sie den Fragebogen nun an die Teilnehmer senden möchten, können Sie im ersten Schritt am ersten Listenfeld entscheiden, ob nur Personen aus Ihrem Unternehmen antworten können oder alle Personen, die den Zugriff erhalten.

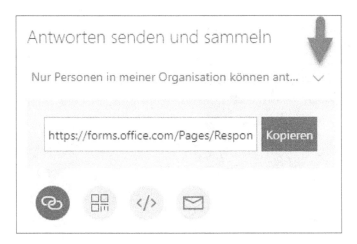

Abbildung 10-19: Die Einstellungen

Über die erste Option **Link** können Sie mit einem Klick auf Kopieren den Link zum Fragebogen kopieren und z.B. in einer E-Mail oder in einem Kanal in Microsoft Teams einfügen.

Über die zweite Option **QR-Code erzeugen** Sie einen QR-Code in einer png-Datei. Diese wird im Ordner **Downloads** abgelegt.

Mit der dritten Option **Einbinden** erzeugen Sie einen HTML-Code, den Sie in eine Webseite einfügen können. Dann kann Ihr Fragebogen direkt als Teil einer Webseite angezeigt werden.

Über die vierte Option **E-Mail** startet Ihr E-Mail-Programm mit einer bereits vorausgefüllten Mail. Neben dem Betreff ist auch der Link zu Ihrem Fragebogen bereits in der Mail. Sie müssen nur den oder die Empfänger eingeben und senden.

- Um den Fragebogen in einem Kanal innerhalb eines Teams zu veröffentlichen, klicken Sie auf das erste Icon **Link**.
- Wechseln Sie in Teams und fügen Sie den Link in eine Unterhaltung ein. Schreiben Sie ggf. eine Aufforderung bzw. Bitte und senden Sie die Unterhaltung ab.

Die Teammitglieder folgen dem Link und können Ihre Fragen beantworten.

Abbildung 10-20: Der Fragebogen

Wenn die Teammitglieder fertig sind, klicken sie auf das Icon **Absenden**. Es erscheint der folgende Hinweis: **Vielen Dank, die Antwort wurde gesendet** und ggf. Ihre persönliche Information. Eine Frage kann pro Person nur einmal beantwortet werden, wenn der Fragebogen innerhalb des Unternehmens versendet wird.

10.4 Die Analysen

Die Antworten kommen bei Ihnen in Ihrem Fragebogen automatisch in der Forms-App an.

- Öffnen Sie Ihren Fragebogen und klicken Sie auf die Registerkarte **Antworten**.

Abbildung 10-21: An der kleinen Zahl erkennen Sie, wie viele Personen bereits geantwortet haben

Mit einem Klick auf die Schaltfläche **In Excel öffnen** schieben Sie die Daten nach Excel und können sie dort weiter analysieren.

10.5 Adhoc Umfrage im Kanal

Wenn Sie in einem Kanal eine Umfrage starten möchten, führen Sie die folgenden Schritte durch:

- Klicken Sie auf die Schaltfläche **Neue Unterhaltung**.
- Klicken Sie auf die drei Punkte unter dem Feld **Neue Unterhaltung**.

Abbildung 10-22: Eine Adhoc Umfrage im Kanal starten

- Klicken Sie auf **Form und** geben Sie im ersten Feld **Frage** Ihre Frage ein.
- Geben Sie die möglichen Antworten in die Felder **Option „1"** und **Option „2"** ein. Wenn Sie weitere Antworten brauchen, klicken Sie auf **Option hinzufügen**.
- Wenn die Umfrageteilnehmer mehrere Optionen zur Antwort auswählen dürfen, aktivieren Sie das Feld **Mehrere Antworten**.
- Setzen Sie den Haken **Ergebnisse nach der Abstimmung automatisch freigeben**. Dann sehen Sie und alle anderen im Kanal die Antworten.
- Setzen Sie auch den Haken **Antworten anonym halten**.

Abbildung 10-23: Die Adhoc Umfrage im Kanal besteht nur aus einer Frage

- Klicken Sie auf **Speichern** und anschließend auf **Senden**.

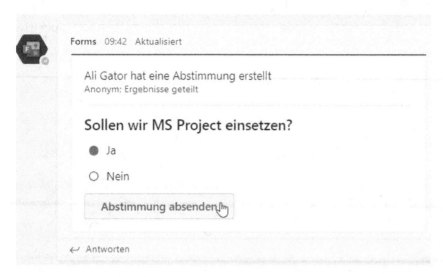

Abbildung 10-24: Die Adhoc Umfrage im Kanal

Jeder im Kanal sieht Ihre Umfrage und kann einmal darauf antworten. Er kann seine Antwort aber immer wieder ändern.

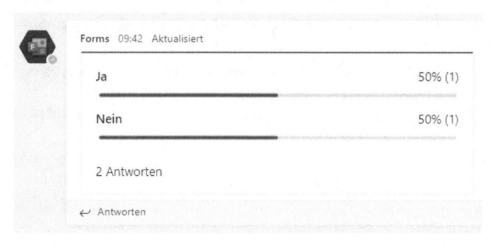

Abbildung 10-25: Alle Teammitglieder können die Antworten sehen

⌐ **Tipp**

Sie können als Ersteller der Umfrage diese auch wieder löschen. Zeigen Sie auf die Umfrage, klicken Sie oben rechts auf die drei Punkte und wählen Sie den Befehl **Löschen**.

⌐

11 To Do

Mit der App **To Do** erstellen Sie eine persönliche Aufgabenliste. To-do-Listen finden immer dann Anwendung, wenn mehrere Aufgaben zu verschiedenen Themen oder über einen längeren Zeitraum bearbeitet werden.

Hinweis

Wenn Sie To-dos mit mehreren Personen gemeinsam bearbeiten möchten, empfehlen wir die App **Planner**, die auch in diesem Buch beschrieben wird.

11.1 Ein To-do erstellen

- Starten Sie `Office.com`, melden Sie sich an und öffnen Sie die App **To Do**.

Über den linken Bereich steuern Sie die Anzeige Ihrer To-dos. Über das Icon ≡ blenden Sie die Bereiche, wie z.B. **Mein Tag**, **Wichtig** usw. aus und haben somit mehr Platz für Ihre To-dos. Über diese Bereiche werden Ihnen die To-dos aus verschiedenen Quellen angezeigt.

Abbildung 11-1: Die Oberfläche der App **To Do** nach dem ersten Start

Das erste To-do soll Sie daran erinnern, Ihren Personalausweis zu verlängern.

- Aktivieren Sie in den Bereich **Mein Tag**.

- Klicken Sie auf den Text **Aufgabe hinzufügen** und erfassen Sie die erste Aufgabe.

Ihre To-dos werden automatisch in die App **Outlook** übernommen und werden dort im Aufgabenbereich gezeigt.

Mein Tag ···
Montag, 18. Januar

○ Personalausweis verlängern　　　　　　　　　　　　　　　　HINZUFÜGEN

↑↓ Sortieren　　♀ Vorschläge

Abbildung 11-2: **Die erste Aufgabe**

- Drücken Sie zur Bestätigung auf die ⏎ -Taste. Alternativ können Sie auch auf den Text **HINZUFÜGEN** am rechten Rand des To-dos klicken.

Mein Tag ···
Montag, 18. Januar

↑↓ Sortieren　　♀ Vorschläge

╋ Aufgabe hinzufügen

○ Personalausweis verlängern
　Tasks　　　　　　　　　　　　　　　　　　　☆

Abbildung 11-3: Die erste Aufgabe ist in der Liste **Mein Tag**

- Erfassen Sie jetzt noch weitere To-dos, damit Sie gleich genug Elemente zum Bearbeiten haben.

11.2 Eine Aufgabe bearbeiten

Nachdem Sie Ihre Aufgaben erfasst haben, können Sie sie bearbeiten.

- Klicken Sie auf die Aufgabe, die Sie im Detail bearbeiten möchten.

Abbildung 11-4: Die Liste enthält nun mehrere To-dos und die erste Aufgabe wird bearbeitet

Im rechten Teil Ihrer App erhalten Sie Detailfelder, mit denen Sie Ihr To-do bearbeiten können. Sie löschen ein To-do, indem Sie unten rechts im Bearbeitungsbereich auf das Symbol mit dem Mülleimer 🗑 klicken. Sie erhalten eine Sicherheitsabfrage, die Sie mit einem Klick auf die Schaltfläche **Aufgabe löschen** bestätigen müssen.

Aufgaben in Schritte unterteilen

Sie können ein umfangreiches To-do in einzelne Schritte, also Teilaufgaben unterteilen. Im oberen rechten Teil sehen Sie noch einmal Ihre Aufgabe. Hier können Sie auch den Namen des To-dos verändern.

- Klicken Sie auf das Plus-Symbol vor dem Text **Schritt hinzufügen**.

- Erfassen Sie einen Schritt für diese Aufgabe.

Abbildung 11-5: Jetzt befinden sich vier Schritte in Ihrer Aufgabe

Erinnerungen hinzufügen

Sie können sich an ein To-do erinnern lassen.

- Wenn Sie sich an Ihre Aufgabe erinnern lassen möchten, wählen Sie die Aufgabe aus, klicken Sie ins Feld **Erinnerung** und wählen Sie einen Termin aus.

- Um eine Fälligkeit zu erfassen, wählen Sie im Feld **Fälligkeit** ein Datum aus.

- Klicken Sie ins Feld **Notiz hinzufügen** und erfassen Sie einen kurzen Hinweis zum To-do.

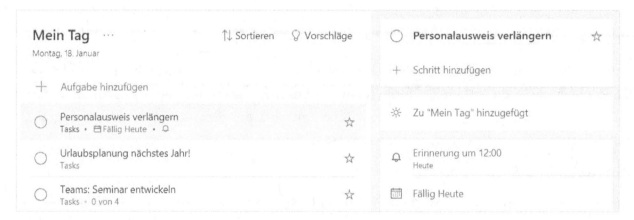

Abbildung 11-6: Zur ersten Aufgabe wurden Elemente hinzugefügt.

Wenn Sie den rechten Teil des Fensters wieder ausblenden möchten, klicken Sie unten auf das Icon ⬚ **Detailansicht ausblenden**.

Serientodos erstellen

In diesem Beispiel möchten Sie sich sechs Wochen lang immer montags und donnerstags an ein To-do erinnern lassen.

- Klicken Sie auf das To-do, das Sie zu einer Serie machen möchten und stellen Sie den Erinnerungszeitpunkt ein.

- Klicken auf das Feld **Wiederholen**.

Abbildung 11-7: Die Möglichkeiten zum Wiederholen einer Aufgabe

- Klicken Sie auf den Eintrag **Benutzerdefiniert** und stellen Sie in den ersten den Rhythmus ein.

- In der zweiten Zeile stellen Sie die Wochentage ein.

- Klicken Sie auf die Schaltfläche **Speichern**.

Eine Datei anhängen

Sie können eine Datei an ein To-do anhängen, damit Sie schneller darauf zugreifen können.

- Klicken Sie auf die Aufgabe, an die Sie eine Datei anhängen möchten und klicken auf das Feld **Datei hinzufügen.**

- Wählen Sie die gewünschte Datei aus und klicken Sie auf die Schaltfläche **Öffnen.**

Abbildung 11-8: Eine Datei hängt an einer Aufgabe

Sie können auch mehrere Dateien an ein To-do hängen.

11.3 Aufgaben kategorisieren

Die App **To Do** teilt Ihre Aufgaben automatisch in die Bereiche **Mein Tag**, **Geplant**, usw. ein. So kommen alle Aufgaben mit einem Termin automatisch in die Kategorie **Geplant**. Sie können ihre Aufgaben zusätzlich kategorisieren.

- Wenn Sie z.B. ein To-do als **Wichtig** kennzeichnen möchten, klicken Sie auf das Stern-Symbol am rechten Rand.

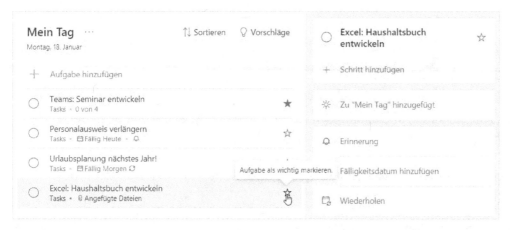

Abbildung 11-9: Im linken Bereich sind Ihre Aufgaben kategorisiert

Im Bereich **Aufgaben** sehen Sie alle Aufgaben. Sie haben zwei Aufgaben mit einem Termin geplant und eine von den vier Aufgaben ist „Wichtig". Mit einem Klick auf eine Kategorie werden die entsprechenden Aufgaben gefiltert. Im Kategorien-Feld mit dem Hinweistext **Wählen Sie eine Kategorie aus:**, können Sie ihren Aufgaben die Outlook-Kategorien zuweisen. Die Farben und Bezeichnungen zu den Kategorien legen Sie in Outlook fest.

To-dos erledigen

Wenn Sie eine Aufgabe erledigt haben, können Sie diese einfach durchstreichen, indem Sie vor der Aufgabe auf das Kreis-Symbol klicken.

Abbildung 11-10: Eine erledigte Aufgabe wird durchgestrichen

Bei der Aufgabe, die Sie in mehrere Schritte unterteilt haben, können Sie jeden Schritt einzeln und dann zum Abschluss die ganze Aufgabe erledigen.

12 Lists

Mit der App Lists erstellen Sie kinderleicht einen Katalog. Diese Funktionalität gab es schon in SharePoint. Sie erstellen in einer Zeile die Felder, die Ihre Kollagenen ausfüllen können. Dabei haben Sie Textfelder, Zahlen oder Datumsfelder, Ja/Nein-Felder u.v.m.

12.1 Eine Liste erstellen

In diesem Beispiel erstellen Sie eine Liste für den Office 365 Support. Stellen Sie sich vor, Ihre Kollegen machen eine Hotline zu Office 365. Alle Fragen sollen dokumentiert werden. Neben dem Namen des Anrufers sollen die Dauer des Gespräches, die Frage und die Antwort und weitere Informationen erfasst werden.

- Starten Sie `Office.com`, melden Sie sich an und öffnen Sie die App **Lists**.

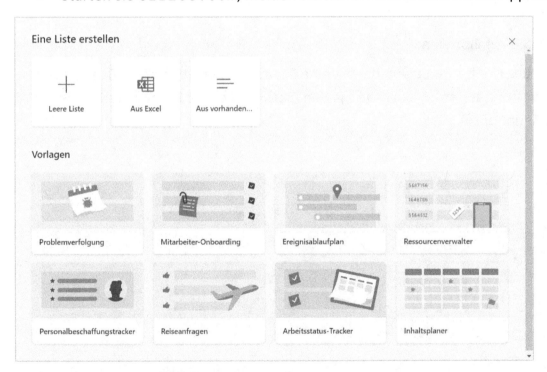

Abbildung 12-1: Es gibt bereits einige fertige Listen

- Sie haben eine Vielzahl von fertigen Katalogen, die Sie einsetzen können. Klicken Sie in diesem Beispiel aber auf das Icon **Leere Liste**.

Abbildung 12-2: Geben Sie Ihrer Liste einen Namen

- Geben Sie Ihrer Liste einen Namen und wählen Sie eine Farbe und ein passendes Symbol aus.

- Klicken Sie auf **Erstellen**.

- Jede neue Liste hat zu Beginn bereits eine Spalte mit der Überschrift **Titel**. Um diese Überschrift zu ändern, klicken Sie auf den Eintrag **Titel / Spalteneinstellungen / Umbenennen**.

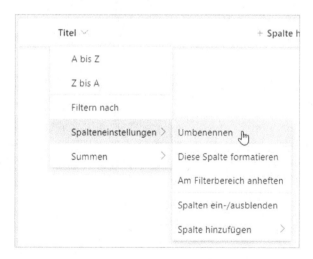

Abbildung 12-3: Die erste Spalte umbenennen

- Geben Sie der ersten Spalte einen aussagekräftigen Namen.

- Um die zweite Spalte anzulegen, klicken Sie auf das Icon **Spalte hinzufügen**.

Abbildung 12-4: Für jede Spalte können Sie den Datentyp auswählen

In der zweiten Spalte soll das Datum, an dem die Frage gestellt wurde, eingegeben werden.

- Klicken Sie auf den Eintrag **Datum und Uhrzeit**.

- Geben Sie im Feld **Name** den Titel **Datum** ein.

Abbildung 12-5: Ein Feld zur Auswahl eines Datums

- Wenn Sie fertig sind, klicken Sie auf **Speichern**.

In der dritten Spalte soll ausgewählt werden, zu welcher App die Frage ist.

- Klicken Sie auf das Icon **Spalte hinzufügen** dann auf den Eintrag **Auswahl**.

- Geben Sie im Feld **Name** den Titel **Art der Frage** ein.

- Geben Sie in den farbigen Feldern die Antwortmöglichkeit ein.

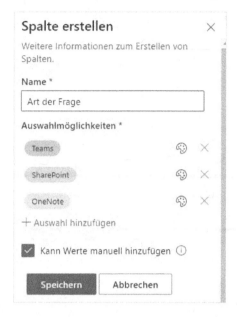

Abbildung 12-6: Ein Feld zur Auswahl der Apps

- Wenn Sie fertig sind, klicken Sie auf **Speichern**.

Abbildung 12-7: Der Katalog ist fertig

12.2 Die Daten erfassen

Jetzt können Sie beginnen, die Informationen zu erfassen.

- Klicken Sie auf das Icon **Neu**.

Am rechten Bildschirmrand öffnet sich ein Bereich mit allen Feldern. Hier füllen Sie jetzt alle Felder der Liste untereinander aus.

- Geben Sie zuerst die Frage ein.

- Klicken Sie auf das Kalendersymbol und wählen Sie das Datum aus.

- Geben Sie ins Feld **Dauer in Min** eine Zahl ein. Solange hat das Gespräch gedauert.

- Ins Feld **Fragesteller** geben Sie den Namen des Anrufers ein.

Abbildung 12-8: Der obere Teil der Liste mit den ersten Feldern

Die Liste geht noch weiter.

- Wählen Sie im Listenfeld **Art der Frage** die App aus, zu der die Frage gestellt wurde.

Abbildung 12-9: Der untere Teil der Liste mit den restlichen Feldern

- Füllen Sie auch die restlichen Felder aus.

- Wenn Sie mit der Eingabe fertig sind, klicken Sie auf **Speichern**.

- Geben Sie noch weitere Fragen ein.

Wenn Sie die Anzahl der Minuten addieren möchten, die Sie gearbeitet haben, klicken Sie am Feld **Dauer in Min** auf den Listenpfeil. Zeigen Sie auf den Eintrag **Summen** und wählen Sie den Befehl **Summe** aus.

Abbildung 12-10: Unterhalb des Feldes **Dauer in Min** wird jetzt immer die Summe gebildet

Um weitere Auswertungen zu machen, können Sie die ganze Liste nach Excel exportieren.

12.3 Ihre Liste zur Bearbeitung freigeben

Wenn Sie jetzt Ihre Liste Ihren Kollegen zur Verfügung stellen möchten, klicken Sie auf das Icon **Teilen**. Wählen Sie die gewünschten Personen aus. Im Feld **Kann bearbeiten**, können Sie auch den **Vollzugriff** auswählen. Dann können alle Personen Änderungen am Layout Ihrer Liste vornehmen. Wenn Ihre Kollegen nur Daten eingeben sollen, lassen Sie den Eintrag Kann Bearbeiten stehen.

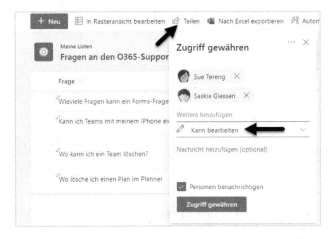

Abbildung 12-11: Unterhalb des Feldes **Dauer in Min** wird jetzt immer die Summe gebildet

Ihre Listen werden in der Cloud gespeichert. Jedes Mal, wenn Sie die App öffnen, werden Ihnen alle Ihre Listen und die, zu denen Sie den Zugriff haben, angezeigt.

13 Whiteboard

Mit der App **Whiteboard** verfügen Sie über eine digitale Tafel, auf der Sie und alle Personen, die Sie eingeladen haben, gleichzeitig zeichnen können. Die Desktop-App **Whiteboard** bietet deutlich mehr Befehle und Optionen als die Browser-App. Deshalb werden in diesem Kapitel beide vorgestellt.

13.1 In einem Whiteboard arbeiten

In diesem Beispiel sollen mehrere Personen in einem Whiteboard zusammenarbeiten.

- Starten Sie `Office.com`, melden Sie sich an und öffnen Sie die App **Whiteboard**.

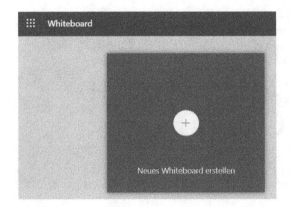

Abbildung 13-1: Ein neues Whiteboard anlegen

- Klicken Sie auf das Icon **Neues Whiteboard erstellen**.

Sie erhalten eine leere Tafel, in die Sie direkt mithilfe der Stifte etwas zeichnen können.

Abbildung 13-2: Die Tools auf Ihrer Tafel

So alleine im Whiteboard macht es doch keinen Sinn. Wenn Sie Personen in Ihr Whiteboard einladen möchten, klicken Sie oben rechts auf das Icon **Teilen**. Klicken Sie auf den Eintrag **Link kopieren**. Schreiben Sie nun eine E-Mail. Erfassen Sie die Empfänger und den Betreff, fügen Sie den Link in das Nachrichtenfeld mit $\boxed{\text{Strg}}$ + $\boxed{\text{V}}$ ein und senden Sie die E-Mail ab. Die Empfänger erhalten, nachdem sie auf den Link geklickt haben, ein Hinweisfenster, in dem sie die Wahl zwischen der Nutzung des Whiteboards im Web oder in der Desktop-App. Die Desktop-App bietet viel mehr Möglichkeiten als die Web-Version.

Ihre Tafeln werden in der Cloud gespeichert. Das bedeutet, wenn Sie sich anmelden und diese App starten, sehen Sie immer alle Ihre Tafeln. Sie finden sie nicht in Ihrem OneDrive.

Am häufigsten wird dieser Variante in Online Meetings eingesetzt. Wenn Sie in einem Online Meeting sind, klicken Sie auf das Icon Inhalte freigeben können Sie ein Whiteboard einblenden, in dem alle Teilnehmer zeichnen können.

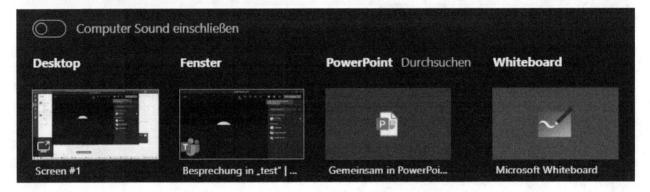

Abbildung 13-3: Das Whiteboard kann in einem Online Meeting genutzt werden

Nach Beendigung des Online Meetings steht die Tafel entweder in der Chatgruppe oder im Kanal zur nachträglichen Bearbeitung zur Verfügung. Der Speicherort ist auch hier die Cloud.

Im Whiteboard zeichnen

Jetzt können alle Personen mit den Stiften zeichnen bzw. mit dem Radiergummi alle Einträge wieder entfernen. Mit einem Klick auf das Symbol **Zeichenbereichstool** ⟨⟩ legen Sie den Stift oder den Radiergummi wieder ab.

13.2   Die Möglichkeiten in der Desktop App

In der Desktop App **Whiteboard** stehen Ihnen noch viel mehr Tools zur Verfügung.

- Klicken Sie oben in der Titelleiste auf das Icon **In App öffnen**. Ggf. werden Sie aufgefordert, die App zu installieren

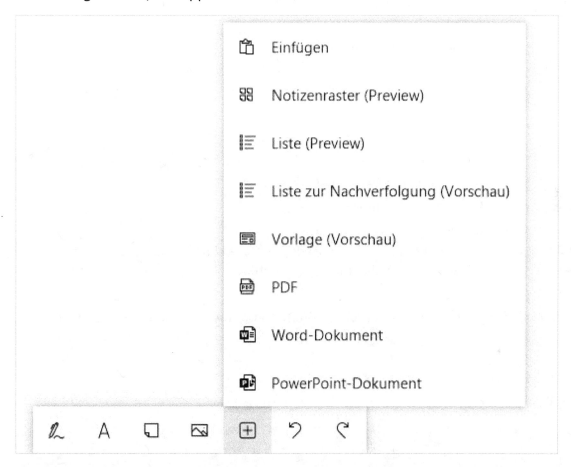

Abbildung 13-4: Die Möglichkeiten in der Desktop App **Whiteboard**

Über die Befehle am unteren Rand können Sie Texte erfassen, Bilder und Dateien einfügen.

Die Tabelle gibt Ihnen Auskunft über die Möglichkeiten in der Desktop-App. Am Plus-Zeichen werden weitere Befehle zum Einfügen von Objekten angeboten.

Befehl	Beschreibung
Einfügen	Kopiert den Inhalt der Zwischenablage in das Whiteboard. Strg + V funktioniert auch.
Text	In einem Textfeld können Texte erfasst werden.
Notizenraster	Ein freibewegliches und drehbares Notizfeld. (Kleines farbiges Zettelchen)
Liste	Textliste mit Aufzählungszeichen
Vorlage	Fertige Muster für Ihr Whiteboard (Z.B. Meilensteine, Rückblick usw.)
Bing-Bild	Bildersuche über Bing
Kamera	Schaltet die Kamera an Ihrem PC an, um ein Foto zu machen.
PDF	Fügt die Kopie eines PDF-Dokuments ein. Sie können die Seiten auswählen, die Sie einfügen möchten.
Word-Dokument	Fügt die Kopie eines Dokuments ein. Sie können die Seiten auswählen, die Sie einfügen möchten.
PowerPoint-Dokument	Fügt die Kopie der Präsentation ein. Sie können die Folien auswählen, die Sie einfügen möchten.

Die folgende Abbildung zeigt ein Beispiel für ein Whiteboard mit verschiedenen Objekten.

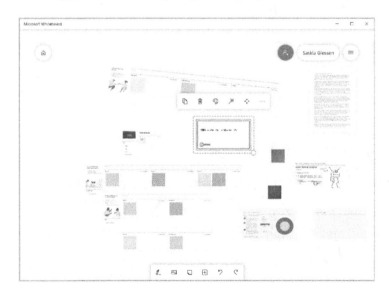

Abbildung 13-5: Ein paar Beispiele für die Funktionalität des Whiteboards

14 Stream

Mit der App **Stream** steht Ihnen Ihre eigene Videothek zur Verfügung. Im Prinzip ähnelt diese App der bekannten Plattform Youtube, Sie können Videos hochladen und mit anderen Personen teilen.

14.1 Videos hochladen

In diesem Beispiel sollen mehrere Schulungs- und ein Privatvideo hochgeladen werden. Die Schulungsvideos sollen allen Kollegen, das private Video nur einem Kollegen zur Verfügung gestellt werden.

- Starten Sie `Office.com`, melden Sie sich an und öffnen Sie die App **Stream**.

Abbildung 14-1: Der Startbildschirm von Stream

Mit einem Klick auf das Icon **Videos suchen** oder auf das Icon **Ermitteln** und den Eintrag **Videos** lassen Sie sich die Liste aller Videos anzeigen, zu denen Sie bereits Zugriff haben.

Videos für alle Kollegen hochladen

In diesem Schritt sollen mehrere Schulungsvideos gleichzeitig für alle Kollegen hochgeladen werden.

- Klicken Sie auf das Icon **Video hochladen** und wählen Sie die gewünschte Datei aus.

- Zum Video können Sie während des Hochladens noch einige Angaben machen. So können Sie einen **Namen** und eine **Beschreibung** erfassen.

- Stellen Sie die Sprache ein, die im Video gesprochen wird, dann erhalten Sie Untertitel, während das Video läuft.

- Wählen Sie im Bereich **Vorschauminiatur** das Bild aus, das als Starthinweis angezeigt werden soll.

Abbildung 14-2: Die Angaben zum Video

- Mit einem Klick auf **Veröffentlichen** steht das Video allen Kollegen aus Ihrem Unternehmen zur Verfügung.

Videos für bestimmte Personen hochladen

In diesem Beispiel soll ein Video nur mit einem Kollegen geteilt werden.

- Klicken Sie auf das Icon **Video hochladen** und wählen Sie die gewünschte Datei aus.

- Klicken Sie auf die Schaltfläche **Berechtigungen** und wählen Sie die Person aus, die das Video sehen soll.

⌐ **Hinweis**

Wenn der Haken in Feld **Jeder Person in Ihrem Unternehmen die Anzeige dieses Videos gestalten** aktiviert ist, sieht jeder Kollege dieses Video. ⌐

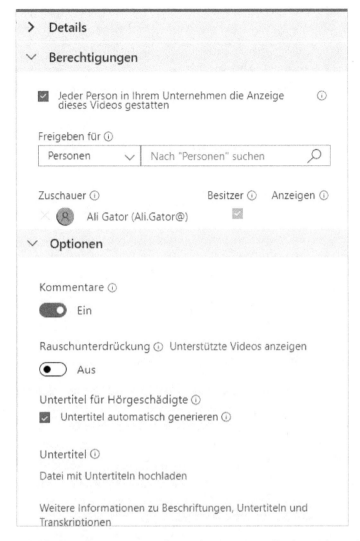

Abbildung 14-3: Im Unternehmen können nun alle das Video sehen

- Klicken Sie auf **Veröffentlichen**, dann erhält nur die gewählte Person den Zugriff auf das Video.

14.2 Videos ansehen

Um alle Videos zu sehen, klicken auf das Icon **Ermitteln.** Mit einem Klick auf den Eintrag **Videos** lassen Sie sich die Liste aller Videos anzeigen, zu denen Sie bereits Zugriff haben. Über den Eintrag **Personen** lassen Sie sich nur Videos anzeigen, die eine bestimmte Person hochgeladen hat.

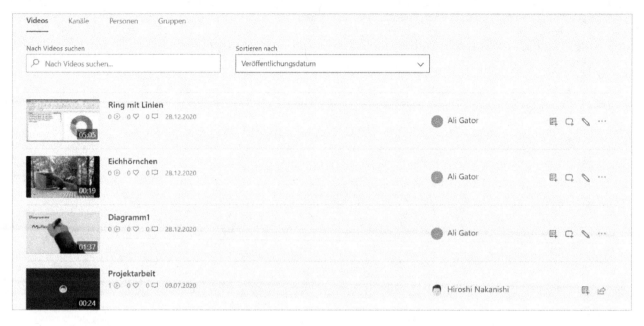

Abbildung 14-4: Die Videos in der Anzeige

Sie können ein Video liken oder einen Kommentar hinterlassen.

Mit der App Stream können Sie unternehmensintern eine Wissensdatenbank oder eine eigene Plattform für Unterweisungen oder Ankündigungen aufbauen.

15 Office 365 vs. Office Online

Die drei Schwergewichte Excel, Word und PowerPoint kommen in Office 365 als doppeltes Lottchen daher. Zu jeder der drei Apps gibt es eine Online- und eine Desktop Version. Ohne jetzt viele Wort zu machen: Die Online-Versionen bieten weniger Funktionalität als die Desktop-Versionen.

⌐ Hinweis

Wenn Sie Dateien über einen Kanal in der App **Teams** geteilt haben, findet sich diese Datei in SharePoint. Lesen Sie das Kapitel **SharePoint: Unser gemeinsames Laufwerk,** weiter vorne in diesem Buch. Hier wird auch beschrieben, wie Sie eine Datei exklusiv bearbeiten können.
                                                                                              ⌐

15.1 Word

Word ist das Textverarbeitungsprogramm von Microsoft und wurde Mitte der 80er-Jahre eingeführt. Die folgende Abbildung zeigt Word Online.

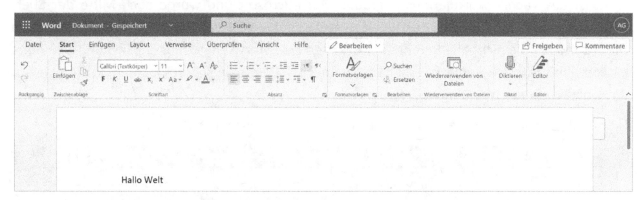

Abbildung 15-1: Die wichtigsten Befehle zum Erfassen und Bearbeiten Ihrer Texte sind vorhanden

Allerdings beinhalten die Registerkarten nicht alle Befehle, wie es die folgende Abbildung mit der Registerkarte **Layout** zeigt. In der Gruppe **Seite einrichten** fehlen einige Befehle, wie z. B. das Einrichten der Spalten. Außerdem fehlt die gesamte Befehlsgruppe **Anordnen**.

Über die Schaltfläche **Bearbeiten** entscheiden Sie, ob Sie den Befehl **Überprüfen** aktivieren möchten. Sie schalten damit die Funktion **Änderungen nachverfolgen** ein. Dann werden alle Änderungen, die am Dokument gemacht werden, protokolliert.

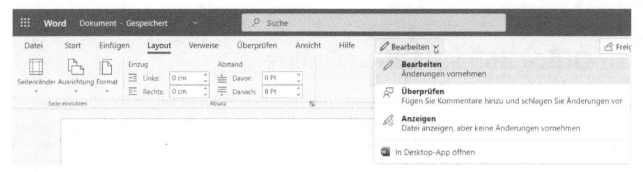

Abbildung 15-2: Die Befehle an der Schaltfläche **Bearbeiten**

In der Online Version fehlen die Registerkarten **Entwurf** und **Sendungen**, über die Sie u. a. den Seriendruck durchführen. Um ein Dokument in der leistungsstärkeren Desktop-App zu öffnen, klicken Sie einfach oben rechts auf die Schaltfläche **In Desktop-App öffnen**.

Bestätigen Sie die Hinweise und bearbeiten Sie Ihr Dokument in der gewohnten Umgebung. Die Speicherung findet automatisch statt, wenn die Datei auf Ihrem OneDrive oder in SharePoint liegt.

15.2 Excel

Excel ist das Tabellenkalkulationsprogramm von Microsoft und wurde auch Mitte der 80er-Jahre eingeführt. Die folgende Abbildung zeigt die Online Version von Excel mit dem einzeiligen Menüband. Da Sie nicht alle Befehle der Registerkarte **Start** sehen, müssen Sie auf drei Punkte klicken, um weitere Befehle zu erhalten. Wenn Sie alle Befehle sehen möchten, klicken Sie auf das Icon **Einzeiliges Menüband**.

Hier fehlt gegenüber der Desktop App die Registerkarte **Seitenlayout.**

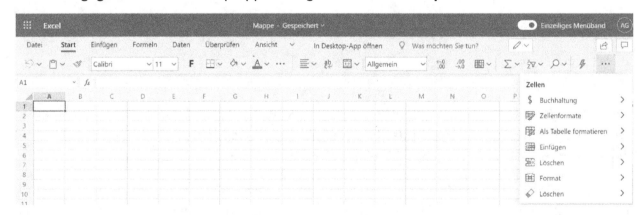

Abbildung 15-3: Dies ist die Darstellung **Einzeiliges Menüband**

Um eine Arbeitsmappe in der leistungsstärkeren Desktop-App zu öffnen, klicken Sie einfach oben rechts auf die Schaltfläche **In Desktop-App öffnen**, die dann sichtbar ist, wenn Sie das einzeilige Menüband ausgeschaltet haben.

⌐ **Wichtig**

Wenn Sie in der Desktop-App eine Funktion eingesetzt haben, die es in der Online-App nicht gibt, dann erscheint in der Online-App eine Fehlermeldung in der Zelle. Beim erneuten Öffnen in der Desktop-App wird wieder das korrekte Ergebnis angezeigt.
⌐

15.3 PowerPoint

PowerPoint ist das Präsentationsprogramm von Microsoft und wurde Ende der 80er-Jahre veröffentlicht. Die folgende Abbildung zeigt die Online Version von PowerPoint. Hier fehlt die Registerkarte **Überprüfen**.

Wie in Word-Online, können Sie auch in PowerPoint Online zwischen dem einzeiligen und dem vereinfachten Menüband wählen.

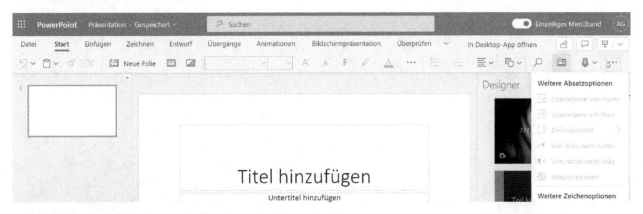

Abbildung 15-4: Die Online Version von PowerPoint

Um eine Präsentationsdatei in der leistungsstärkeren Desktop-App zu öffnen, klicken Sie auf die Schaltfläche **In Desktop-App öffnen**.

Nachdem die Präsentation in der Desktop-App geöffnet ist, stehen Ihnen alle Funktionen von PowerPoint zur Verfügung. Die wichtigsten Arbeiten können Sie direkt in der Online-App durchführen.

16 Power Automate

Microsoft nennt gerne mal seine Apps um. So wurde kurzerhand aus **Flow** die neue App **Power Automate**.

Wenn Sie bereits mit Makros in Excel oder Word gearbeitet haben, können Sie Power Automate mit Makros für Office 365 vergleichen. Power Automate kann „App"-übergreifend Aufgaben erledigen und einen Workflow ausführen.

⌈ **Hinweis**

Die App gibt es nicht in allen Office 365 Versionen. Melden Sie sich an Ihrem Office 365 Konto an und schauen Sie in die Übersicht Ihrer Apps.

⌟

16.1 Einen Workflow auf Basis einer Vorlage erstellen

Das folgende Beispiel zeigt einen einfachen Workflow in Office 365.

Wenn Sie mit Power Automate beginnen, können Sie aus einer Vielzahl fertiger Vorlagen in Vorlagensammlungen wählen. Die Icons an den Vorlagen zeigen, welche Apps z. B. **Teams** oder **Outlook**, im Workflow zur Steuerung des Workflows eingesetzt werden.

Als Beispiel soll eine Benachrichtigung auf dem Mobilgerät angezeigt werden, wenn eine E-Mail von einer bestimmten Person eingegangen ist.

- Starten Sie nach der Anmeldung an Office.com die App **Power Automate**
- Blättern Sie auf der Seite weiter nach unten.

Dort werden weitere Vorlagen nach Kategorien oder in Listenform angeboten.

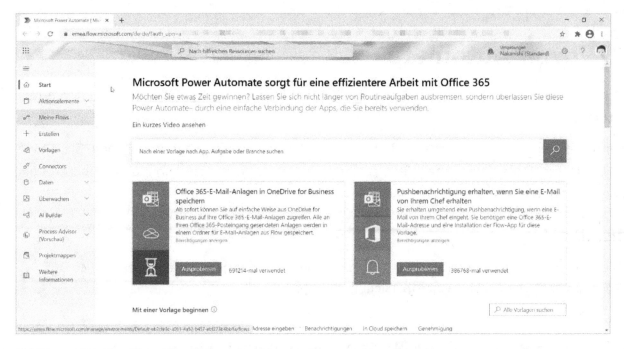

Abbildung 16-1: Eine Vielzahl an Vorlagen werden zur Automatisierung angeboten

- Klicken Sie links auf den Bereich **Vorlagen.**

Über die Filter können Sie beispielsweise alle Vorlagen zur Kategorie **E-Mail** anzeigen. Für das Beispiel verwenden wir die Vorlage **Pushbenachrichtigung erhalten, wenn Sie eine E-Mail von einem VIP-Kunden erhalten**.

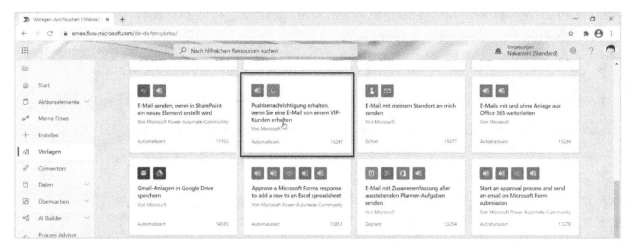

Abbildung 16-2: Die richtige Wahl der Vorlage vereinfacht die Erstellung enorm

- Klicken Sie auf die entsprechende Kachel.

Abbildung 16-3: Der Workflow verwendet Outlook und die Funktionen zur Benachrichtigung

Die verwendeten Apps und Einstellungen werden angezeigt.

- Klicken Sie auf **Weiter**.

Der Workflow wird anhand von Kacheln und Pfeilen dargestellt. In diesem Beispiel wird der Absender, der im Posteingang eingehenden Mail geprüft. In einer Verzweigung wird geprüft, ob die Absender-Adresse der in diesem Workflow eingegebenen Adresse entspricht. Trifft dies zu, wird eine Benachrichtigung gestartet, ansonsten nicht.

Abbildung 16-4: Der Programmablauf wird visuell dargestellt.

In diesem Beispiel muss nur die Mailadresse eingetragen werden.

- Klicken Sie in das Feld **Wert** und geben Sie die gewünschte E-Mail-Adresse ein.

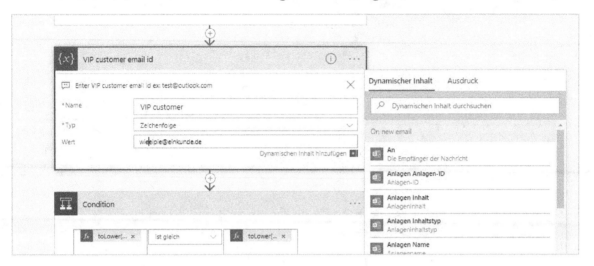

Abbildung 16-5: Auf diese E-Mail-Adresse wird geprüft.

- Klicken Sie auf **Speichern**.

⌐ **Hinweis**

Verwenden Sie die Schaltfläche **Flowprüfung**, um alle Stellen im Workflow zu kontrollieren.
⌐

In den anderen Kacheln können Sie für diese Aufgabe beispielsweise den Text der Push-Benachrichtigung ändern. Nach dem Speichern sind die Arbeitsschritte aktiviert.

Wenn eine Nachricht beim Empfänger eingeht, wird eine zusätzliche Benachrichtigung durchgegeben.

Abbildung 16-6: Eine Benachrichtigung von Flow bzw. Power Automate

16.2 Workflows verwalten

Sie können sich die Liste der gespeicherten Workflows über den Eintrag **Meine Flows** auf der linken Seite anzeigen lassen.

Abbildung 16-7: Alle Flows in Ihrer Office 365 Umgebung

Zur Organisation können Sie einzelne Flows markieren und einen der angebotenen Befehle an den drei Punkten starten.

Hinweis

Um ein vorhandenes Flow anzupassen, klicken Sie einfach auf einen Flow. Sie erhalten dann weitere Details zum Flow.

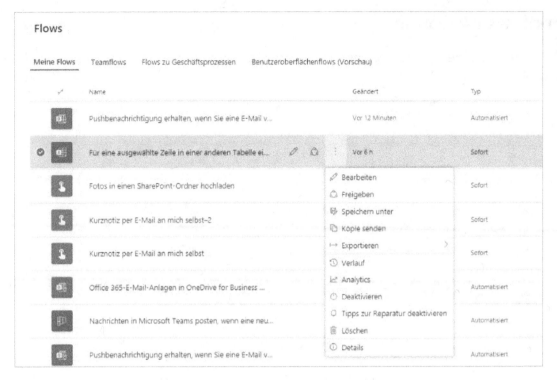

Abbildung 16-8: Flows verwalten

Flows lassen sich für andere Kollegen im Unternehmen freigeben, Exportieren und in anderen Office 365 Umgebungen importieren. Zur Kontrolle können Sie den Befehl **Analytics** starten. Es wird automatisch ein integrierter Bericht mit Einsatz- und Nutzungsstatistiken des Flows angezeigt.

Index

Microsoft Teams

Microsoft Teams ist die moderne Plattform zur Kommunikation und Zusammenarbeit. Mit Teams arbeiten Sie innerhalb von Office 365 effizient an Projekten unabhängig vom Standort und Sie arbeiten gemeinsam „live" an Ihren Office-Dokumenten Word, Excel und PowerPoint.

Für die schnelle Nachrichtenweitergabe in einem definierten Personenkreis setzen Sie Chats und Unterhaltungen statt E-Mails ein. Zur modernen Kommunikation gehören auch Social Media Features und Videokonferenzen.

ISBN-13: 978-1689711661 | Erhältlich bei Amazon.de

Online Meetings mit Microsoft Teams

Microsoft Teams ist die moderne Plattform zur Kommunikation und Zusammenarbeit. Die App wird in Schulen, Organisationen und Unternehmen eingesetzt.

Das Buch richtet sich an die Anwender von Microsoft Teams, die zu Online Meetings einladen und die, die daran teilnehmen. Treffen Sie Ihre Kollegen am Bildschirm. Besser kann man die Arbeitsweise der Online Meetings von Teams nicht zusammenfassen.

ISBN-13: 979-8635045732 | Erhältlich bei Amazon.de

Power BI Desktop

Mit Power BI Desktop erstellen Sie mit wenigen Klicks eindrucksvolle Auswertungen. In Power BI Desktop erzeugen Sie die Datengrundlage für die grafischen Auswertungen. Die Daten für das Datenmodell können aus den unterschiedlichsten Quellen geladen und in Beziehung zueinander gesetzt werden.

Im Anschluss wählen Sie die passende Visualisierung aus. Damit haben Sie das Datenmodell und den Bericht, der über mehrere Berichtsseiten gehen kann, erstellt. Den Bericht können Sie zurzeit in die Cloud hochladen und von dort verteilen.

ISBN-13: 978-197384348 | Erhältlich bei Amazon.de

Power Query

Power Query ist spezialisiert auf den Import und die Bereinigung von Daten aller Art. Die Werkzeugkiste von Power Query ist gut gefüllt.

Lernen Sie dieses unerlässliche Tool für das Datenmanagement kennen. Das Handbuch begleitet Sie Schritt für Schritt vom Datenimport einer einfachen Textdatei bis hin zur automatisierten Verarbeitung von allen Excel-Dateien in einem Ordner.

ISBN-13: 978-1724518217 | Erhältlich bei Amazon.

PowerPivot

Eine praxisorientierte Einführung in die Arbeit mit PowerPivot für Microsoft Excel.

Das Buch richtet sich an alle Excel-Anwender, die den Anspruch haben, ihre Daten professionell zu modellieren und auszuwerten. Lernen Sie alle Befehle vom Import Ihrer Daten ins Datenmodell bis hin zu Auswertungen mit den CUBE Funktionen und KPIs.

ISBN-13: 978-1523868223 | Erhältlich bei Amazon.de

Dashboards und Reports

Eine praxisorientierte Einführung von der Planung bis zur Erstellung von statischen, dynamischen und interaktiven Dashboards.

Dieses Handbuch ist die begleitende Unterlage zum Seminar Dashboards und Reports und richtet sich an alle Anwender, die Ideen und die entsprechenden Schritte zur Umsetzung eigener Dashboards erhalten möchten.

ISBN-13: 979-8588533133| Erhältlich bei Amazon.de

DIGITAL
ADDICTION

Debugging the Very Modern Problem of
Digital Overload

By JESSICA FORREST

Table of Contents

Introduction

In the past two decades, our lives have become digital. According to some sources, the average adult spends more time staring at a computer screen than they do sleeping.

As technology advances, computers and the digital world have infiltrated nearly every aspect of our existence. Almost all modern workplaces make use of computers and the majority of people spend their 9-5 looking at some form of a computer screen.

Yet computers, smartphones, laptops, and tablets also, are vital to how we spend our free time; they are how we communicate, how we study and how we relax, whether it be streaming a film or browsing the web.

As the digital world starts to become more and more prevalent in our lives, there is also a rising concern about whether the sheer amount of time we spend on digital mediums is dangerous. The long-term effects of being exposed to the digital world are not yet fully understood, but it is becoming apparent that there may be a wide variety of negative side effects. One of the most worrying of these side-effects is the so-called 'digital addiction' - the inability to separate ourselves from our digital devices.

Most of us tend to associate addiction with concepts such as illegal drugs, smoking, and gambling, but there are thousands of different types of addictions.

According to psychology, almost any activity or substance has the potential to become addicting or the source of addictive behavior and addicts often fail to realize the extent of their addiction.

However, some people are starting to suspect they may be addicted to the digital world. These people realize that checking their smartphone hundreds of times per day, wasting hours trawling social media or spending all their free time browsing the web is causing havoc in their lives.

Whilst the research on digital addiction is limited, this concern appears to be warranted. Heavy internet users are five times more likely to suffer from depression compared to everyone else and both depression and anxiety have been correlated with time spent on social media platforms.

Studies have also noted that our ability to concentrate also seems to be taking a big hit, with some studies suggesting the average adult now has an attention span lower than that of a goldfish. Moreover, brain scans on teenagers who text compulsively showed similarities to the brain patterns of compulsive gamblers.

In addition to addiction, mere exposure to digital monitors may have adverse effects on our health. Looking too long at a screen may contribute to digital eye strain, which can cause headaches and blurry vision. On top of this, computer screens emit blue light, which interferes with the hormone melatonin and human sleep patterns. As a result, people who spend too much time starting at a screen are more likely to get fewer hours sleep and receive lower quality sleep in general.

Above and beyond inconveniences, such as eye strain, digital addiction may pose serious health risks to people in the developed world.

As more and more people are coming to terms with the potential dangers of being exposed to the digital world, the desire for people to separate themselves from anything digital in a 'digital detox', where an individual avoids or gradually weans themselves away from their digital habits.

In this guide, we will explore what digital addiction is and what is causing it to grow throughout society.

We will also delve into the ways that the designers of digital devices and software specifically alter and tailor their products to make them more addictive and enslaving.

Finally, we will discover ways to strike a better balance between the digital world and the physical one, including ways to 'detox' yourself from computer screens and recapture your mental wellbeing.

Let's get going!

Chapter 1

Definition of Digital Addiction

Digital addiction may be defined as the feeling of being strongly compelled to spending time on digital devices and various types of software, such as social media, the internet, and online gaming.

Digital addiction also involves this time spent on digital devices being detrimental to the user in some sense, with negative consequences, such as a loss of attention span, depression, or a shirking of personal responsibility. Digital addiction may also go by the name 'screen addiction'.

At the time of writing, digital addiction does not have a definition is the Diagnostic and Statistical Manual of Mental Disorders, 5th Edition (DSM-5). The DSM-5 is the guidebook for Western psychologists to classify and diagnose disorders. Essentially, psychiatry does not officially recognize digital addiction as a disorder.

However, in the appendix of the DSM-5, there was a specific note made that *internet gaming addiction* did deserve further research and consideration as a condition. Of course, many of you might suspect yourselves or someone you know to be a digital addict without being a gaming addict. For this very reason, some psychologists and researchers have also suggested that *internet addiction* should be considered, it's another distinct disorder, paving the way for different types of digital addiction to be recognized in the future.

On our quest to understand digital addiction, we can also consider how psychology considers addiction in general. Addictive behaviors generally are defined by at least four qualities. Firstly, the instance of the behavior is either *excessive* or *unusually frequent*; an addicted person takes or engages in their activity of choice far more often than regular people do.

Of course, nearly all of us have strange and excessive habits or hobbies and simply doing something often does not equate to us being addicted.

Therefore, the second quality in recognizing addiction is perhaps the most important; the addiction must cause harm to the person addicted or the people around them.

This harm can take two forms; physiological harm on the body through excessive intake of a substance or repetition of the behavior. Or, indirect harm caused by a lack of responsibility in regards to the cause of the addiction; a gambler who spends too much money doesn't cause himself physiological harm, but may cause his house and possessions to be sold and repossessed, damaging his well-being in other ways.

Thirdly, addiction is also categorized by the individual, not wanting to, or not feeling able to, to stop using or doing the source of their addiction. The lack of desire to stop can be caused by the 'kick' or 'high' the activity itself causes, but also the presence of withdrawal symptoms when the behavior is stopped.

A person who is truly addicted to the internet, for example, might feel irritable, distracted and tired when they attempt to avoid the internet, encouraging them to relapse and start using the internet excessively once more.

Finally, addiction is usually also associated with a physiological change in response to the substance or behavior that is causing the addiction. This physiological change involves an increasing tolerance to the source of the addiction and a subsequent need to consume or perform the substance or behavior to a greater extent. An alcoholic needs to consume more alcohol than an average person to get the satisfaction or stupor they desire.

Although many addictive behaviors such as gambling or nymphomania don't involve some form of substance abuse, the same physiological process occurs with the chemicals in the brain associated with the reward and pleasure.

The lack of an official definition has led many groups and organizations to try a more down-to-earth approach when diagnosing and discussing digital addiction. Questions such as the following;

> *'Can you go a day without checking your smartphone?'*
> *'Do you find yourself spending time on the internet, even though you don't want to?'*

are being proposed as simple ways to recognize whether or not you or someone you know is suffering from digital addiction. Similarly, some organizations have adapted questionnaires aimed at drug users to demonstrate the similarities between a physiological addiction to drugs and a psychological addiction to the digital world.

Consider the following questions used by the National Council on Alcoholism and Drug Dependence to help diagnose drug addicts:

'Are you always able to stop using drugs when you want to?'
'Do you ever feel bad or guilty about your drug use?'
'Have you ever neglected your family because of drugs?'

Try considering these questions with keywords such as 'smartphone' or 'internet' and you might suddenly find it hard to deny that you are an addict.

When discussing the definition and nature of digital addiction, it is important to be wary. As with most types of addiction, the issue of digital addiction is being highly politicized with many different groups seeking to dominate the conversation for their own gain.

Many digital addiction therapy centers are rising across the developed world, charging absurd prices for their services, despite the fact that there is no accreditation or recognition in digital addiction in terms of an illness or a therapy at the time of writing.

Likewise, there are a handful of savvy psychologists and talkers who have pioneered the topic of internet addiction and have their careers and personal finances dependent on advocating the dangers of digital addiction. There is likely to be some truth behind their claims but extravagant and hyperbolic claims, such as the infamous claim that digital gaming is similar to crack-cocaine, are clearly sensationalized scare-mongering tactics.

When considering the nature of digital addiction it is also important to consider other reasons for the supposed 'addictive' behavior. A young teen may seem to spend an excessive time on the internet, for example, due to a lack of social skills, poor self-esteem making socialization difficult. In this scenario, the undesirable behavior isn't caused by addiction per say, but problems in other areas of his or her life.

Early research seems to suggest that the internet and its various methods of communicating and talking to strangers are especially tempting to individuals who may lack the social skills or the confidence to make friends in their everyday life.

On the same vein, many people with a disability or some factor that may make them insecure in their physical appearance may find themselves spending excessive time online as it presents a form of social bonding where physical appearance is not involved.

Chapter 2

Why have We Become Dependent on our Tech?

As an addiction, the internet and the digital world pose an interesting problem. There are many substances and activities that are addicting in the modern world and which present a public health problem; sugary foods, cigarettes, alcohol, gambling to name a few.

However, for all of these addictions, it's entirely possible to avoid them altogether. No-one needs to eat sweets and drink sodas and the human body doesn't require alcohol or cigarette smoke to survive.

Yet it is becoming impossibly hard to live without technology. You might directly need to use a piece of hardware or software for your job or education and technology presents the best solution to many problems such as staying in touch with friends or family. After all, once you have experienced the power of social media, emails, and Skype, it becomes unthinkable that you should revert to sending postcards and letters to keep in touch with people you know.

Therefore, the digital addict is in a difficult position compared to the alcoholic, gambler or sugar addict. They must continue to use the source of their addiction and actively resist the temptation to fall prey to their old habits.

On the flip side, it is so incredibly easy for many people to fall into a digital addiction from sheer exposure. People may avoid developing a gambling habit, even if they have a predisposition to addictive behaviors, simply because they are never exposed to environments where gambling occurs. This cannot be said for digital addiction because it is almost impossible to avoid computer and digital screens and still be a member of society.

Digital addiction also differs from other types of addiction because of how early it can happen. Whilst there are many unfortunate individuals who have been exposed to illegal drugs, gambling, smoking and alcohol at an early age, for most people, these addictions develop during our adult years.

By contrast, even children who cannot walk are being exposed to near unlimited access to digital devices. All too many parents buy young children their own smartphones and tablets and allow them to spend however much time they please on these devices. As a result, many children develop an addiction, or a lifestyle involving excessive tech use, before they have an ability to understand the consequences or choose a lifestyle for themselves.

In fact, some experts are arguing that many games and website developers are specifically targeting young children, with the awareness that younger individuals are more susceptible and more malleable to their products and marketing efforts.

For example, many games reward or encourage their users to play the game every day, giving their users in-game rewards and privileges if they do so. This type of behavioral manipulation isn't just for kids and games; big tech companies such as Facebook and Instagram have specifically designed their platforms in ways that trick the human mind to become addicted to them, a topic we will cover later in this guide.

Another aspect of modern life which help shapes our addiction is our tendency to try and multi-task whenever possible. Instead of focusing on a single activity or task, the person in the digital age tries to focus on several tasks at once.

We listen to music on our headphones whilst we study, we flick between our smartphones and the conversation we are having, we think about work, whilst we watch a podcast as we prepare dinner for the evening.

The habit of multi-tasking appears to change the way the brain functions. Although we use the term 'multi-tasking', the human brain is in fact very poor at performing multiple tasks at once. Instead of genuine multitasking, when required to do multiple different things at once, the human mind simply switches between different tasks very quickly.

Multi-tasking this way comes at a cost; it increases the levels of cortisol and adrenaline in our bodies, which can lead to disordered thinking or 'brain fog'.

When we attempt to multi-task, we also become more easily distracted as our brains become used to quickly switching between stimuli. To further add to the problems, our brains enjoy novelty and we will automatically pay more attention to things which are new and interesting.

In the age of social media and the internet in general, there is an overwhelming, inexhaustible supply of novel content at our fingertips. As a result, our brain is becoming hardwired to constantly switch attention to different things at the cost of focusing on a single task.

Multitasking on digital devices also requires more energy and fuel in the prefrontal cortex of the brain, causing us to feel tired and weary more easily. Tiredness and exhaustion from multi-tasking have been linked to anxiety, but also impulsive behavior, two qualities that tend to exacerbate internet use and digital device reliance.

In addition to multitasking, some neuroscientists even claim that we have a limited ability to make decisions; we can only make so many decisions per day until we suffer from 'decision overload' and our brains stop thinking clearly.

In the digital age when we are so overwhelmed with information, we may be suffering from a decision overload, contributing to that persistent brain fog and inability to think clearly that so many of us seem to suffer with. When we are not thinking clearly, we are more susceptible to the addictive nature of digital devices.

Another argument for our addiction and reliance for modern tech is simply how useful they have become. Whilst the power of digital technology is fantastic and gives us the ability to find out information, communicate and enjoy our leisure like never before, it is also making us dependent.

In earlier eras, if a person wanted to find out some information they need to go to the effort of researching in a library or consulting someone knowledgeable. The modern person uses Google.

Likewise, as touched upon previously, if we wanted to send a message to someone a few decades ago, we sent letters. Creating a letter is actually a pretty taxing process; you need paper, pens, ink, a typewriter and the ability to carefully think about what you want to say in advance or be willing to create multiple drafts of your work, in order to prevent mistakes.

Nowadays, people just send emails, which take a few minutes or less, with spell-check and automation making the process incredibly easy.

As a result of this easiness, not only have we have become dependent on tech to do things and have lost the ability to perform these tasks by other means. Furthermore, the lower barrier of entry that tech presents means that our lives are a lot more cluttered than ever before.

In the past, people only went to the effort of writing a letter if they needed to or if they had something important to say. By contrast, writing an email or sending a message is so effortless that people send them without ever thinking whether they should. As a result, more emails are sent then letters were and people are spending more time on digital devices reading and writing them.

We also feel obliged to respond to messages and emails that we receive from other people. Letters took at least a few days to arrive, so there was no immediate expectation that the receiver would respond immediately. Even if the respondent did choose to drop whatever else they were doing and write a letter back, their response is turn would take a few days to be sent back. The inherent delay in communication allowed for some respite as well as some degree of privacy.

By contrast, a text or email is near instantaneous and there is little preventing the receiver from instantly messaging back. Even in the era of household phones, there was an understanding that the receiver may not always be in the vicinity to respond; they may be out for a walk or otherwise engaged. With smartphones constantly in our pockets, no matter where we go, we are always in a position to respond and so we feel obliged to.

The social obligation to respond to emails and messages when we receive them, rather than when we want to, is expounded by the fact that many forms of social media allow the sender of a message to know when the other person has viewed the message.

It seems especially rude to know that your message has been read, but not responded to, forcing people to constantly stay on their smartphones and tablets, paying attention to their notifications.

Gaming rewards and phone notifications also hijack the reward and pleasure centers in your brain. It feels good to reach that new milestone or checkpoint in a game or to get the high score.

When we check our phones and see a bunch of attention-grabbing notifications, it strokes our ego and we feel satisfied when we check them off as if we were accomplishing something significant. The little spikes of pleasure we get from our tech might seem innocent enough, but the potential for us to become drawn or outright addicted to them is high.

In a study demonstrating the addictive properties of the brain's pleasure systems, researchers placed electrodes in the brains of rats, on top of a structure in their brains called the nucleus accumbens.

Humans have the nucleus accumbens too – it is the so-called pleasure center mentioned earlier and it activates in response to all kinds of activity, including sex, drugs, food and even a compliment.

In the study, researchers created a lever, that when pressed, created an electrical signal in the nucleus accumbens. The rats, after pressing the lever, became addicted to constantly activating it, forgoing other activities, such as eating or sleeping. Eventually, the rats, being so addicted to pressing the lever, died due to exhaustion and starvation.

We might consider ourselves a lot more advanced than rats, but news stories are emerging of people playing games for days and days then dying due to heart failure. These stories may be due to a very similar phenomenon – people becoming addicted to the 'kick' of spending time online and exhausting themselves to such an extent that they put their lives at risk.

Chapter 3

Apps & Websites

Social Media

In addition to the different types of devices that fuel our addiction, there are also different types of software that are culpable.

Social media is one of the biggest problems, with many psychological hugs dug deep into our minds. For example, many commentators have observed 'FOMO' or 'fear of missing out', when trying to separate themselves from platforms such as Facebook.

There are so many people on Facebook, including your friends and family, that some people feel as if it's impossible not to use the platform; you miss out on their lives, posts, stories and conversations. It's too important to pass up.

On the flip side, Facebook and social media are addicting because of the presence and power they give to people. Whilst some of us may look at Facebook and just see pictures of what people eat, fake news and wall posts from people we don't care about, for many Facebook users it provides a way for people to gain attention. It feels good to post something, especially if it gets responses – you feel connected, absorbed and meaningful.

This isn't just an aspect of social media – it's the very basis of human psychology. Evolution has shaped us to be social mammals; we have an innate desire for approval and to connect with other people. Just consider the various ailments that people feel when they are deprived of contact with others; severe loneliness, depression and even suicidal tendencies. We need to form bonds and connections with others and platforms such as Facebook provide an alluring and easy way to do so.

Even though fundamental human psychology may be what drives us to Facebook, a toolbox of tricks and techniques employed by the company keep us there. One of the most important ones is the notification number – a number which tells you how many people have tagged or mentioned you in their posts or have recently followed you.

Facebook has also designed their platform so notification numbers are hard to miss – in the app version of Facebook, your notification number will appear on the app icon itself.

These numbers draw you in – it's like hearing someone calling your name in the distance; instinct drives you to find out what's going on. Notification numbers are so powerful because they tell you enough to be interested – that you are personally involved or mentioned some way – but they don't provide enough information to satiate your curiosity. You need to know *who* said *what* and *when* and you need to know *now*.

Social media is also criminally guilty of 'clickbait' - articles and stories deliberately formatted in a way to grab your attention, by using the same technique.

Clickbait titles tell you just enough to pique your curiosity, but not enough to allow you to form a judgment - *'You won't believe what Beyonce did at the Superbowl!'*. To begin with, the desire to read clickbait news or tap on those notifications is simply a compulsion, but it can easily be the basis of an addiction if left unchecked.

The most advanced social media platforms have many more nefarious tactics to keep you drawn in. Modern social media makes use of advanced algorithms and statistics that filter the content you see on your wall or newsfeed.

Instead of just seeing an unbiased representation of what people are posting and sending, Facebook and other platforms will filter these posts to only provide you with the juiciest and most interesting posts and stories.

In fact, Facebook has algorithms and techniques that specifically track what type of content *you* and you alone are interested in. If you tend to get hooked by videos and gifs, Facebook will start presenting you with more of that type of content. If you enjoy browsing through the conversations people are having, you will start seeing more conversations.

Facebook, Google, Twitter and all of the large social media websites are specifically tailoring their websites to the individual, all in an effort to get them to use their platform more often and for longer periods. The algorithms and information-gathering mechanisms these websites use are getting constantly updated and improved – or in other words, social media is becoming more compelling and addictive day by day. It is no wonder that Facebook has over 1 billion users!

YouTube

YouTube predates most other social media websites by a margin and there are many good reasons for its longevity, including its addictiveness.

YouTube is targeted towards a younger audience – the majority of people who spend significant amounts of time on YouTube are under 20 years of age. Youtube 'stars' have started to discover just the right combination of ingredients to captivate a younger audience and give them more views than other forms of entertainment.

For a start, YouTube 'stars' often talk directly into their camera, giving a sense of personal intimacy that some people get pulled in by – it doesn't just feel as if these people are talking, but they are talking to *you*.

YouTube content producers also make an effort to keep their audience engaged; they may ask or encourage their viewers to respond in the comments section, go on social media or do something else. For many young viewers this type of engagement is powerful; it feels as if you are a part of something greater than yourself, a following, rather than just a detached observer.

The best 'YouTubers' also know the ways to format and edit their content to specifically keep people hooked. Some linguists have suggested that a specific YouTube style of speech is developing, with YouTubers subtly altering the way they emphasize certain words and sounds to keep your attention fixed on them.

In the same way that a public orator – such as a businessman or politician learns to speak in a way that makes their words seem profound and meaningful, the successful Youtuber learns to alter the way they pronounce things to be more entertaining.

The video editing techniques Youtubers use are both subtle and powerful. Editing their videos so that their speech is sped up or slowed down both can keep attention fixed. Likewise, frequents cuts or shifts in position also jolt the attention span, preventing people from getting bored.

Above and beyond the charisma and style of Youtubers, the Youtube platform is by its very nature, addictive. Have you ever flicked through the channels on your T.V, trying to find something you are interested in?

 The suggested videos tab at the side of what you are watching on YouTube provides a similar purpose – if you get bored of what you are watching, it encourages you to flick to a different video. Instead of leaving when you are not being entertained, you trawl through videos until something takes your fancy.

Unlike T.V which does have a large, but exhaustive supply of content, YouTube has millions of hours of content, with more being uploaded than you could ever keep up with. For a bored individual, YouTube is designed to prevent you from leaving, which in time, can develop into an addiction.

Apps

As with social media & YouTube, apps are made not only to provide a service but also influence the behavior of the user, usually with the intent to make the user spend money or spend time on the app. This concept is called behavior design and once you begin to notice it, you'll see just how common it is in apps.

This is especially true for free apps, which need to monetize themselves by motivating in-app purchases or by data-collection, which relies on the user spending lots of time on the app.

For example, one popular way an app can keep you hooked is through 'variable rewards'. The concept of variable rewards originates from behavioral experiments on rats in the 1950's.

In these early experiments, a rat was put in a cage with a lever that could be pulled. In one variation of the experiment, the lever released a small piece of food every time it was pulled, essentially rewarding the behavior. Once the rat had learned that the lever would release food every time it was pulled, the rat would only pull the lever when it was hungry.

However, in another variation of the experiment, the lever presented a different reward every time it was pulled. It might deliver slightly more food, slightly less, no food at all, or a different type of reward altogether.

Researchers discovered in this experiment the rats pulled the lever much more than in the other variation. By providing variable rewards, the researchers could encourage the rat to pull the level much more than it normally would.

The same concept of variable reward drives slot machines in casinos; even though people know slot machines are designed to get them to waste their money, the thrill and excitement of not knowing what you will get when you pull the lever encourages people to put their coins in the machine.

Apps apply similar principles to transform how you behave, so it's important to understand how apps and behavioral design is applied, in order to be able to better resist it.

According to the basic principles of behavior design, there are three things necessary for a behavior to occur; motivation, ability & trigger.

Motivation refers to the underlying reason or need for the behavior, whilst *ability* refers to having the potential to actually complete the behavior. I may be motivated to go on holiday and travel around the world, for example, but my finances may leave me with the inability to do so. In this circumstance, I am motivated but lack ability.

The third requirement for any behavior to occur is a *trigger*. We only perform certain behaviors when we are triggered to do so by something else. When we eat lunch, for example, we do so because we are triggered by our hunger, or by our routine, which tells us that we should eat our lunch at around 1:00 P.M.

Triggers themselves can be separated into two distinct types; internal and external triggers. An internal trigger is when a user of an app enjoys or appreciates the app to such an extent that they naturally want to use the app again. This type of trigger is innocent and should be encouraged throughout the industry; if a product is well-designed or useful, it's natural that people want to use that product (in this case the app).

However, internal triggers are difficult to capitalize on. Essentially, to rely upon internal triggers you need to meet a need or desire from users and your product needs to be one of the best products that meet this need.

With the marketplace for apps being so competitive, there are few fertile spaces for producing genuinely new and interesting apps that meet untapped needs. Therefore, capitalism teaches app companies that they should result in less direct methods to make their apps successful.

This is where the second type of trigger, external triggers, comes in.

External triggers are much more nefarious; they encourage or manipulate you into performing some action even though you lack an internal trigger to do so. External triggers might take the form of emails, notifications, text messages, pop-ups, 'shoves' and most types of reward systems.

Of course, even though a trigger is external you might still be mildly motivated to follow that trigger and perform the corresponding behavior. As touched upon previously, companies such as Facebook deliberately design external triggers to be appealing; you inherently want to respond to your notifications and messages.

However, by being constantly swarmed with external triggers, eventually, a person may reach the point where they are performing the behavior out of habit rather than due to being genuinely motivated to do so.

Alternatively, even if a habit does not form, the multitude of external triggers will cause a person to devote much more time to the app or product than they naturally would through just internal triggers alone.

Another reason why external triggers are so common in apps these days is due to the sheer amount of apps users have on their devices. It's not unusual for an average smartphone wielder to have hundreds of apps on their smartphones, which causes immense pressure on developers to keep users focused on their app and their app alone, or be forgotten.

This means that their app *must* use external triggers, even if only to draw attention from the external triggers other apps are using. Even though you might not realize it, all the apps on your smartphone are screaming at you for attention and only the loudest and manipulative apps are heard.

Whilst most apps focus on triggers, the best-designed apps will also consider ability. Basically, the more difficult or frustrating an app is to use, the less likely a user will do so. Therefore apps need to be specifically designed to make themselves more accessible. Behavioral design experts suggest that there are six ways ability can be hindered; time, money, mental effort, physical effort, social deviances and non-routine. Let's discuss each of these in turn.

Time, as you might expect, refers to how long a user needs to use your app. If an app loads slowly, is full of obtuse and difficult menus to navigate, or simply takes more than a few moments of time, it will be too slow for most users.

Money, obviously, refers to the price of the app – even a small purchase price is offensive in the era of powerful, free, apps.

Mental and physical effort is also self-explanatory – the app should be taxing, either on the mind or in terms of how an individual presses the buttons and physically interacts with the software.

Social deviance and routine are, perhaps the two most interesting features on the list. Social deviance is the quality of being unusual or weird in a user's friendship group; apps that people you care about disapproving of are less likely to be used. By contrast, apps which everyone around you uses will be more alluring – once again Facebook proves to be a particularly virulent example.

Finally, if something isn't part of your natural, daily routine then you must make a specific conscious effort to perform that action. As a result, app designers want their app to be something that you preferably use every single day, or at regular intervals.

This three-part model of motivation, ability and trigger is called the Fogg Behavior Model and is used widely through Silicon Valley and many other successful tech companies. Dr. B.J Fogg himself teaches and researches behavioral design at Stanford University, and at various boot camps and seminars, which people pay to attend.

Of course, it's important to point out that behavioral design isn't inherently bad or manipulative by itself. There is a genuine argument that companies can improve the quality of their product by making it more accessible or feeling more rewarding to use. At the very least, that's how most successful app entrepreneurs consider their uses of behavioral design, rather than psychological manipulation.

At the end of the day, it's up for you to observe behavioral design in real life, both in your own interactions with apps and the interactions of friends and family. With that being said, you are reading a guide on digital addiction, so it's likely that you've already reached a threshold where you are worried about the pervasive influence behavioral design and addictive apps are having on your life.

Games

Digital games can apply many of the same tricks that apps and social media apply to get their users addicted, but they also have very different appeal and addictive quality.

When considering digital games, it's important to make a distinction between online games and other types of video games. Regular video games, such as games sold on platforms such as an Xbox One, Playstation 4 or Wii have a finite amount of content.

These games usually feature a campaign or world of limited length and a set amount of missions and tasks to be completed within the game. Whilst these games can be captivating in their own right, they have the same sort of appeal as a very good book. They may pull you in, but at the end of the day, once you've finished the book, you move on to other things.

Online, multi-player video games have an entirely different nature. These games are designed to have repeating, endless experience and they usually involve other people. Consider chess or football as real-world examples; you might finish a game of football or chess, but you can play these games as many times as you wish. They are a repeatable experience.

Furthermore, as a repeatable, endless experience, they reward people who play them more. The very reason why chess is enjoyable is due to the skill and mastery of the game. The core experience of chess comes from playing the game multiple times, improving each time and learning about the richness and intricacy of the game and enjoying this experience with other people.

You may regard chess in a better light than online gaming but in principle, the experience is similar. Furthermore, just like prodigal chess players might find their sense of personal identity around their success and skill in chess, a gamer might find belonging and purpose in the sense of improving and making accomplishments in their game. Both individuals are also likely to make friends and connections surrounding their hobby, further increasing their devotion.

With the parallels established between chess and games, you might begin to wonder why online gaming is addictive, whereas chess doesn't appear to be. Well, whilst it might not be publicized as much, there are certainly cases of chess addiction throughout the world.

In fact, most sports and physical games have the capacity to be addictive for the very reasons outlined in the previous paragraph – it is just less common, presumably as most games and sports are less popular than online gaming.

Another difference between online games and other potentially addictive games is just how accessible games are to most individuals. Online games, for the most part, are designed to be easy and fun, at least initially.

Chess is a hard game to play, regardless of whether you are a beginner or a grandmaster. It has a complex series of rules to follow and poses a significant intellectual challenge from the very first time it is played. Many people who play chess would be turned away by the initial difficulty chess presents, as well as the effort required for every single game.

Most online games, however, are pretty simple and intuitive to play. Online games may become more difficult and complex the more you play them, potentially being as complicated or as difficult as chess under the surface (if not as well-respected). Nonetheless, they appear easy on the surface and this appeals to casual and first-time players.

Online games also have the advantage of being global and being able to network through the internet. In a real-world game, you can only play with other people as long as there are other people to play with and certain other conditions are met.

In most cases, there will be a highly limited amount of people who play the game in your local area and usually practical restrictions about how often you can play.

If you have a love of football, for example, you will have to travel to and from the football club, require two teams of at least 11 players, need equipment such as football boots & knee pads. You will also only be able to play football under certain conditions; it mustn't be too hot, cold, raining or muddy (or you must have an indoor stadium to use) and you can't be too physically fatigued or injured.

By contrast, any popular online game is incredibly easy to find other players to play with. Online games can connect players all over the world, instantly, no matter what time of day it is.

Furthermore, as long as you've got an internet connection and a computer (or relevant digital device) you're good to go. It's just so much easier. Finally, as touched upon previously, the online world breaks barriers between people, such as appearance, nationality or confidence.

Many people who wouldn't be able to find acceptance can do so online – in fact, in most online games, you don't have to talk to anyone if you don't want to, which is perfect for the introverts of the world.

TV Shows

Smartphone addiction and app addiction are relatively new forms of addiction and the media enjoys talking about their potential consequences. Yet an older, an arguably more widespread addiction, already exists in society; addiction to TV.

Perhaps it's the fact that unlike newer technologies, which are easier to scapegoat for societal problems or the fact that TV often affects an older demographic, but no-one seems to be talking about TV addiction.

For many people, watching TV is a temporary reprieve from the stresses and pressures of their daily lives.

Research suggests that whilst individuals watch TV, they feel emotional relief, but once they are finished watching TV, they feel worse afterward. Naturally, for these people, watching TV is a coping method for feeling stressed or pressured, which encourages them to watch more TV to cope with their guilty feelings about their TV habits, hence forming an addictive loop.

The average American adult watches around 5 hours and 4 minutes of TV per day. Whilst has been gradually falling over the past decade due to competition from other digital devices, it is still a startling amount of time.

The older you are, the more you watch TV, with adults of 50 averaging around 50 hours of TV per week. By contrast, people under the age of 24 generally watch less than 2 hours of live TV over the course of a week.

In replacement, streaming services such as Netflix, Hulu or Amazon Prime are booming among the younger generation. These new platforms raise their own challenges and have their own addictive qualities.

In the previous era, you could only watch TV if you had a TV in the room, which generally restricted TV use to the lounge and the bedroom. With the rise of the internet, smartphones and tablets you can now watch shows and programs almost anywhere you have an internet connection, allowing people to watch content more freely.

Streaming platforms like Netflix also have all their content available at once, allowing people to 'binge-watch' entire series of shows, instead of watching gradually over a broadcasting period.

Interestingly, the way programs and shows are being produced is also changing in response to how they are being watched.

Traditionally, TV programs were designed to be episodic, with most episodes forming individual stories that didn't need to be watched together. The few episodes which did form a narrative arc together were often delivered in dual-episode specials or used strong cliffhangers to encourage the audience to tune-in next week.

Now shows and programs are being designed with binge and serial watching in mind, with longer and more intricate narratives which draw people even deeper in.

Previously, TV writers couldn't risk such detailed narratives due to the risk that their audience might miss an episode or forget what happened between broadcasts. Yet when you can watch an entire season in a single day, this concern disappears and writers and producers are free to experiment more. However, as an audience, it's much easier to feel that compulsive, addictive urge to continue watching a series all-night long, due to the higher-quality and more streamlined story.

On the same vein, episodic shows and programs tend to have an inherently weaker appeal. These programs typically rely on you caring about the characters and their world, rather than the on-going story. However it takes several episodes of watching to develop a bond with a character, and viewers might not stick around that long.

Serial or the so-called 'Hyper-serial' programs also tend to have strong, powerful hooks immediately in the story that force you to keep watching. In *Breaking Bad,* for example, the very first scene of the entire series is the protagonist, just wearing his underwear, driving a mobile home frantically whilst wearing a gas mask – it develops a strong urge to find out what is going on from the onset.

Both episodic and serial shows and programs still draw on basic psychology. When we are engrossed in a program or show, our brains, and nervous systems react strongly to whatever is on the screen in a process called the orientating response.

Essentially, our brains are trained to quickly react to changes in our environment. This adaptation helped us survive in a world of predators and dangerous environments where we needed to be quick on our toes.

When we see a flick of light, a clash of colors, a loud sound the orientating response causes us to focus on it, slightly slowing down our heart rate, sending more blood to the brain and less to the muscles.

TV programs and shows almost constantly trigger the orientating response due to the constantly changing attention-grabbing stimuli they present. As a result, they can induce an almost trance-like state in people who watch them, preventing their attention from going elsewhere.

 If you've ever tried to sit in a room where someone is watching a show you are not interested in, you are probably quite familiar with just how hard it can be not to pay attention. Chances are, at some point, you found yourself staring at the TV, realizing you had been paying attention for the past few minutes, despite your best efforts – the power of the orientating response in action.

Calling TV 'trance-like' isn't an exaggeration; scientists have some that neurological activity changes quickly when a person watches TV – activity in the left hemisphere of the brain decreases whilst activity in the right hemisphere increases.

Generally speaking, the left hemisphere of your brain is often considered to the 'logical' hemisphere. It deals with language and systematic thinking – it's the area of your brain that becomes active when you are facing a puzzle, need to plan something or engage in any 'logical' based activity. The right hemisphere is associated with emotions and creativity. This is where your brain forms connections between different stimuli and it is where your feelings come from.

By causing our brains to activate our right hemispheres, TV essentially causes us to engage in emotion-based thinking, rather than logical thinking. As we already know T.V typically makes us feel good, which causes our emotional-based right hemisphere to keep on watching.

It doesn't matter if your logical left-hemisphere is telling you that you have responsibilities, or even something better to do because it's now only a passenger in your brain – the right hemisphere is in the driving seat. The same pattern of brain activity encourages you to watch just 'one more episode' and before you know it, it's 3:00 A.M. and you are really, really tired.

Chapter 4

Basics to Detoxing

The first step to a digital detox is to consider and understand why you want to detox from the digital world. Are you simply curious about the effects of your digital devices on your life and interested in performing a small experiment?

Or do you think you are a full-blown addict who desperately needs some space and time away from a screen? Perhaps you simply want some time to rest and stay away from the stresses of work, social media, and news outlets that try to rile and agitate you with over-sensationalized news.

Regardless of your motivation, understanding why you want to try a digital detox and what you want to achieve is crucial for your detox to be a success. You need to feel inspired and optimistic about your digital detox; it should be something that you want to do, rather than something that you feel you should do.

After you have clarified your intentions, the second step in a digital detox is deciding how long you want your detox period to be. Setting a clear goal, such as 24 hours or 1 week, gives you a concrete target to work towards, which in turn will make your detox more successful.

Your goal should align with the reasons why you are detoxing. If you are trying a digital detox just out of curiosity, a 24 hour or 48 hour period of going without digital devices can be enough to reveal the extent you depend upon your digital devices.

If you are simply concerned about the amount of time you spend on your digital devices but do not feel as if you are a full blown addict, then you might want a longer, albeit gentler detoxing period.

For example, you might decide during the next fortnight you will avoid all your digital devices before 10:00 A.M or after 8.00 P.M, allowing you to spend the early morning or late evening free from digital distractions. A longer, gentler detoxing period helps you change and transition your digital habits into healthier and more balanced alternatives.

Furthermore, these types of moderate changes are easier to stick to, but still potent enough to produce profound changes in your happiness and your psyche. If you found the detoxing period useful, or that it lacked impact, you can review your plans and consider whether you want to try again with similar or more stringent measures.

If you consider yourself as a full-blown addict and struggle to direct any type of control or limitations upon your digital use then try a more stringent form of digital detoxing for a longer period of time. Limit yourself to no digital devices, unless in complete necessity or emergency and find alternative solutions to all the problems you typically rely on your tech for.

Once you have planned the basics of your detox, it's important to also establish any rules or reasons that are sufficient to break your detox. There may be times when you need to rely on your digital devices, but if you clearly establish what these situations are in advance, so you can psychologically determine when you are giving in to your addiction and when you are simply doing something you need to do.

If you experience an emergency, for example, it is reasonable and necessary to use your smartphone and call 999, digital detox or not. A medical emergency is an obvious example, but there may be other compelling reasons to why you need to occasionally check your digital devices – perhaps you are seeking a job and need to check your email or keep your smartphone by your side so you can respond to offers.

Nonetheless, it's important that any exceptions to your detox are rare and few enough that the digital detox itself isn't going to be compromised. Even a simple rule, such as saying that you will check your emails and social media for 15 minutes in the morning can steer you of course, especially if you have a severe addiction. Essentially, only add an exception if it's completely necessary.

Finally, whenever you attempt a detox, think and consider the practicalities of going with your digital devices. You probably rely on your digital devices in several ways and you'll need to prepare alternatives to this reliance if you want to be successful.

For example, if you use typically use your laptop to take notes on a lecture, you'll need to grab a notepad, folder, and some pens before you start your detox. Likewise, most people use the smartphone as an alarm in the morning; you might need an alarm clock or require another way of waking up in the morning.

Chapter 5

Tips on Keeping Your Digital Life under Control

Develop Hobbies, Interests & Meaning in Your Life

Many people fall into digital addiction because their lives are lacking in some way. They may find themselves bored and rely on digital mediums to entertain themselves, or they may feel lonely and rely on social media and constant connection to keep them-selves feeling loved. Similarly, many young people find them-selves adrift without purpose and turn to the reward and thrill of gaming to fill the void.

Therefore, if you want to combat a digital addiction, part of the solution must be to fill this void with something else. Seek person-to-person contact and find meaningful and rewarding hobbies that don't involve a digital device. The more time you spend away from your screens, the more natural and easy it will feel to be separated from them. Eventually, you'll find yourself forgetting about your smartphone or the internet altogether and simply enjoying all the other things you find yourself doing; cooking, playing sports, crafting and so on.

Keep Your Smartphone Outside the Bedroom

However, there are also simpler ways to make your digital detox successful. For a start, try to avoid taking your smartphone or your tablet into the bedroom with you. When your tablet, laptop or smartphone is in the bedroom with you it is easy to become distracted and waste a few hours when you should be getting some sleep.

On the same vein if you need something to wake you up in the morning, invest in an alarm clock as a replacement for your mobile. You'll be less tempted to browse on your phone if you wake up in the evening and if any notifications pop-up they won't wake you up.

Turn Vibrations Off

It is also recommended that you turn the vibration setting on your phone off. People who are addicted to their phones often experience a 'phantom buzz'; imagining that their phone is vibrating when it is actually silent. By deliberately turning the vibration settings off you won't be deceived that your phone is ringing when it isn't and this allows you to forget about your digital world for a while.

Use Anti-Procrastination Software

If you are struggling to separate yourself from the internet, try installing some anti-procrastination software on your devices. There are numerous different brands available, but they all offer the same basic features; they allow you to 'lock' a website or program, preventing you from using it for a certain period. Locked websites and programs can't be accessed even if you change your mind later, so they can force you to change your habits even if you regret the decision. Whilst for tech-savvy users there may be some workarounds if you are desperate, at the very least these types of anti-procrastination software present an obstacle that acts as a deterrent.

Disable Notifications

If you don't want to go as far as anti-procrastination software, you can still see improvements by disabling push notifications and alerts on your smartphone. As mentioned in previous chapters, the very nature of alerts and notifications are to draw and manipulate your attention. By removing them, checking your texts, messages, and emails on your phone and social becomes an active choice – one that you can control.

Change Your Routine

You can also shake things up by changing your routine. Our routine and environment shape our behaviour; we react automatically and behave instinctually when we put ourselves in the same situation.

For example, many people check their smartphones first thing in the morning out of sheer habit. However, as touched upon above, you can break this habit just by keeping your smartphone outside your bedroom.

With a little creativity, there are many ways you can break your routines and habits by simply changing things. Try, for example, placing your phone in your bag, instead of your pocket when with family and friends as this will cause you to pay more attention to them.

Spend More Time in Natural Daylight

It can also be helpful to spend more time in natural daylight. Digital devices emit blue light, which interferes with our sleep patterns and our alertness. The human body has a system called the circadian rhythm which adjusts our sleeping schedules to the presence of light – it's why we tend to feel more tired in the winter and during the night.

However, by constantly soaking up blue light we throw this biological body clock off balance and end up receiving poorer sleep. This, in turn, saps our attention and concentration, making us more susceptible to the tips and tricks of digital media.

Try going for a small 10-15 minute walk around your local neighbourhood after you wake up, or just ensure you open your curtains and let some sunlight on your skin as part of your morning routine.

You can also invest in special monitors or alter the brightness of your digital devices to help them emit less blue light.

Get Rid of Social Media Platforms You Don't Use

The modern smartphone user can be linked to dozens of different social media platforms. However, for most of us, we only truly spend time on one or two platforms. You can help separate yourself from the digital realm softly by uninstalling or deleting your accounts on social media platforms you rarely use, lowering the amount of connections you have to social media.

On the same vein, it can help to go through your friends, contacts, followers and remove anyone who doesn't really belong there. Look at your current lists of contacts – how many have you spoken to directly in the last six months? What about the last three? How many of these contacts would you keep in touch with if social media didn't exist? Which of these contacts would bother to send you a Birthday card?
If you are honest with yourself, you'll probably realize that very few people on your Facebook contact list are people you genuinely care about, and to be blunt, they probably feel the same way. It's time to break away from a multitude of shallow and hollow friends and focus more on your rich and meaningful relationships.

Likewise, most social media platforms give you control over who can see your profile and who can't as well as whom and who cannot see your posts. If you are unwilling to remove yourself from social media altogether or purge your friend list, limiting who can see you and your posts can still be a powerful way to trim your social media usage.

Put Your Smartphone Away During Meals

Breakfast, lunch, and dinner are key parts of your day. Not only can eating a delicious meal be satisfying, but eating is usually a social activity that provides a way to connect with family, friends, and colleagues. By constantly checking your smartphone during your meals, you can detract from the quality and meaningfulness of the experience.

Deliver Your Compliments in Person

'Liking' on Facebook has become a substitute for real-life compliments for many people. We see a photo or comment someone made on social media and we show our approval with a 'like' or a 'thumbs up' instead of actually talking to the person in question.

Yet, in truth, who really cares about likes? They appeal to our ego, especially if we receive a lot of them, but they are no replacement for the real thing. Making an effort to tell someone they look good in what they are wearing will bring a smile to their face or raise their confidence – giving a 'like' does almost nothing.

Therefore, as part of your digital detox, try reserving your compliments and gestures for face-to-face conversations instead of talking through social media. At the very least, doing so will provide you a talking point in a conversation.

Gather Your Gadgets

A simple way to make yourself realize how dependent on your tech you have become is to gather all your digital devices in one place.

Be exhaustive – your smartphone, your tablet, laptop, desktop, Chromebook, Firestick, TV, etc. This should not only function as a wake-up call, helping you to realize just how much time you spend staring at a screen, but it should also help you stay aware of these devices during your detox.

Set a Limit

In general, it's hard to avoid your digital devices altogether. Therefore, a more realistic and practical approach is to establish a time limit on how long you can spend on your digital devices, such as an hour or two per day.

By developing a realistic expectation, you are more likely to keep to your goals and not give in. Furthermore, by setting a strict time limit on how long you can spend on your devices, you are encouraged to prioritize how you spend your time on your tech. Instead of trawling through YouTube because you are bored, you will think carefully about how you spend your time on your devices, only doing the things that you enjoy most or find the most important.

With that being said, if you do establish a strict limit for yourself and find that you consistently break this limit, consider more extreme measures.

You might find yourself needing to attempt a complete withdrawal or using preventative measures, such as anti-procrastination software, which force you to change your behaviour.

Improve the Quality of Your Sleep

Many of our digital behaviours rely upon mindlessness, habit, and instinctive behaviours. To break a digital addiction you're going to try and need to be aware of your bad digital habits and apply some mental energy to changing them. To have mental energy, you need to sleep well; therefore you should be interested in getting a good night's sleep if you want to break your addiction.

Let's cover the basics. The typical human adult needs around 8 hours of sleep every night, although there is some variation, with some individuals requiring more or less.

It's important to mention that teenagers and even younger adults generally require more sleep than this as their brains and bodies are still developing, so 9 or 10 hours sleep isn't unreasonable either. Teenagers also have a slightly different sleep cycle to other people, generally favouring going to sleep later in the night and waking up earlier in the day. Depending on your family circumstances and routine, it may not be possible for a teenager to sleep in such a way, but if it is, consider permitting it.

Adults in their advanced years also typically have a different sleep cycle compared to everyone else. Typically speaking, older adults require slightly less sleep, as their brains and bodies have finished developing. Older adults also tend to go to sleep earlier in the night but rise earlier in the morning due to hormonal changes that occur during aging.

The younger a child is, the more sleep it needs. Babies and toddlers can sleep for up to 16 hours a day, which is as a result of their rapid brain develop. Even all the way up to puberty, children should generally receive at least 10 hours of sleep, which some individuals requiring more.

To improve the quality of sleep, you should ensure that your bedroom is as dark as possible Invest in thicker, darker, and larger curtains which block out more light from the windows in your room. Likewise, turn off any digital or electronic devices that may be emitting lights from LED's or other sources (such as a T.V on standby mode or a laptop which is charging).

Avoid eating food for at least a few hours before you go to bed. Eating will give you excess energy, which can make it harder to sleep. This is especially true for sugary or fatty foods.

On the same vein avoid caffeine intake, if possible. Caffeine can last in your body for up to 12 hours and it's possible to build-up the concentration of caffeine in your body if you regularly consume too much.

A moderate amount of caffeine intake is around 3 cups of mild coffee, but if you receive poor sleep, consider consuming even less.

Additionally, avoid sleeping during the day. If necessary you can take a power nap, of up to 30 minutes, but longer periods of sleeping will keep you alert during the night.

Finally, you should ensure that your bedroom is a pleasant sleeping environment. Your mattress should be comfortable and you should have enough pillows to properly support your neck and head.

Your duvet and sheets shouldn't leave you too hot or too cold, but nor should they be itchy or otherwise distracting. Your house or residence should be a quiet as possible, by turning off all devices that make any noise. You can even consider earplugs or listen to white noise to block out sounds that you cannot prevent.

Make Someone Hold You Responsible

You can use your social, human nature to your advantage when attempting a digital detox. By telling a friend or family member about your digital detox and what you intend to achieve from it, you place yourself under more pressure to reach those goals.

Furthermore, by telling someone else, especially someone who is sympathetic, you can receive social support to sustain you when you feel like falling prey to your addiction.

The chances are that someone you know is either suffering from a digital addiction themselves knows someone who is or is reasonable to understand and appreciate the possibility of a digital addiction. As long as the person you tell appreciates the situation, they can then prod and probe you on occasion, encouraging you to stay on track.

Add Physical Barriers

In an earlier section of this guide, the concept of accessibility was mentioned – essentially the easier and more convenient something is to do, the more likely we will do it.

However, the inverse is also true; the more difficult and impractical something is to do, the less likely we will do it. You can use impracticalness to your advantage when trying to break your digital habits by making accessing your tech impractical.
For example, instead of keeping your smartphone in your pocket or on a nearby table or surface, trying putting it somewhere where you cannot see or touch it.

The lack of a stimulus to remind you of your smartphone's existence encourages you to forget about it for a while. Better yet, try putting your smartphone in a box or draw than locking that container.

The next time habit or instinct tells you that you should be checking your phone; you'll have to go to the effort of unlocking that draw first. The added effort, as well as the conscious awareness that you'll have to do something first, will keep you from checking your phone unless it's genuinely important.

You can apply this concept to all of your digital devices and you can apply it to various extremes. For example, instead of leaving your laptop on your desk, try putting it in a laptop case, then putting the laptop case in a drawer or closet.

You could even go so far as to use a bicycle lock and chain to stop you from opening the laptop case or draw except for emergencies.
Every barrier and obstacle you create for yourself will make your digital detox more effective, so be creative!

For objects that you may not be able to easily move or hide, such as a T.V or family computer, creativity might be necessary. You could remove the batteries from your T.V remote, for example, which would require you to find the batteries every time you wanted to watch T.V (you could also apply the same logic to a computer mouse).

Alternatively, you could try unplugging all the cords and cables that make your T.V or computer work, forcing you to plug these cables in every time you wanted to use them. You can even seal or hide these cables around the house, making life even more difficult for yourself.

Learn To Be Unavailable

In the modern era, we are used to having other people always be available to us and to be available to everyone else. We no longer have the luxury of claiming that a message can't receive us at any given moment, allowing us a pause to choose how to respond.

People are learning, however, that is this new-found proximity isn't always a good thing and it's wise to learn how to be unavailable again.

By choosing not to respond immediately, you can often provide a more thoughtful and well-considered response. Likewise, you will also probably enjoy the experience more if you wait a while and respond on your own terms when you are ready.

Ultimately, you need to resist the urge or the guilt of not answering you smartphone or email immediately. If you are on a platform that informs the other person that you have seen their message, simply inform them that you will respond later.

You can tell people you know in person about your digital detox and why you need to be unavailable sometimes, which should help them understand that your lack of response isn't due to rudeness or dislike.

On the other side, people who you have a more distant relationship with shouldn't expect an instantaneous response anyway. You shouldn't be concerned about the small and shallow signals that you may or may not be sending through social media by not replying instantly – you're probably overthinking it anyway!

Understand the difference between online and offline contact

As social creatures, we have evolved to recognize and emit a sophisticated set of social signals and cues, such as our body language or the tone and intonation of our voice. Through the use of social cues, we generally infer a lot more about the people around us than what is said out aloud in conversation.

The presence of social cues and social signals gives our interactions with other people a vividness and richness that simply isn't present in online contact.

Even if you have many friends online who you talk with often, these conversations and interactions won't have the same effect on your psyche.

A person can give you support and reassurance online, but it's not quite the same as a hug. Someone can type 'lol' or send an emoji, but it doesn't quite convey the same feeling that hearing someone laugh does.

It's for this reason that some of the most socially connected people on the web are also the loneliest.

The connections these people have to the people they meet online may be genuine, but nonetheless, it is not a full replacement for real in-person contact, full of talking, listening, eye contact, body language, gesture, tone and so on.

It's important to fully understand and appreciate this distinction; otherwise, you may fall into the sand trap of many other social media addicts; having a horde of friends, but feeling isolated, alone and without contact.

At the end of the day you shouldn't give up or avoid making friends and bonds online, but also make sure you take the time to meet and talk to people in person too.

Think Ahead & Substitute

Digital addiction partially arises from our dependence on technology, especially the convenience of smartphones.

When we don't know what to cook for dinner, we can find a recipe online. If we don't know the direction to where we a going, we can use navigation software on our phones or computers. We keep ourselves organized by using online calendars and notebooks, which have pop-ups and reminders to keep ourselves focused.

However, with a little bit of planning and anticipation, you can easily perform most of these activities without any digital medium. You can write down a recipe or print it out, ensuring you never need to re-check an app or website for ingredients or numbers.

You can also write down or make an effort to memorize directions instead of relying on your smartphone, computer or sat-nav. Organizers and calendars come in paper forms too, as do most studying materials.

Additionally, instead of reading an eBook, try finding a physical copy. Ultimately, anything you can do to spend less time on a digital device and more time doing something else is a great way to help break your addiction.

Consider a Retreat

Whilst some of the therapies and treatments offered to digital addicts may be exploitative, it's hard to go wrong with a retreat. Retreats are special events where an individual goes to a secluded place, generally run by an organization, to experience quiet, stillness and a separation from regular life.

Retreats have been practiced for thousands of years, by different religions for spiritual and esoteric reasons. You may not be looking to find god or your spirit animal, but a modern day retreat can help you find yourself and some balance in your life.

There are many kinds of retreats, from many different types of groups and organizations, but they almost always impose a restriction or an outright ban on smartphones and technology during the retreat.

In fact, some organizations are specifically offering digital detox retreats. These retreats are less intense and spiritually inclined than most other retreats, being closer to a holiday, except with the rule that you don't bring any of your digital devices.

With that being said, many detox retreats do indeed offer sessions in mindfulness and meditation, as well as encouraging trips in nature, exercise, healthy food and no-talk about your working life or even your daily routine.

Perhaps ironically, digital detox retreats are becoming popular among entrepreneurs and high-fliers in Silicon Valley and other technological hubs; even the architects of the digital world are realizing its limitations.

Use Different Devices & Different Rooms for Different Things

Our brains automatically form associations between what we do in a room and how we feel. For example, sleep hygienists have suggested that in order to improve your sleep, you should only use your bedroom for sleeping and for sex.

By only doing these two activities in your bedroom, you brain forms an association between sleep, sex, and the bedroom, which in turn makes it easier to sleep in the future. It's like your subconscious mind knows what it's expected to do.

The same principle is why many schools and workplaces enforce a uniform policy. It's not just about looking smart and presentable; wearing a uniform subtly changes the psyche of employees – they form an association between working and what they wear.

Therefore, whenever they wear their uniform, they feel ready for work. You can discover this effect for yourself – try wearing a suit or formal dress the next time you want to just relax – you might feel slightly weird doing so.

The ability of our brain to form associations can be used to keep your digital addiction under control. If you have numerous digital devices, for example, separating them into different tasks or purposes can help your brain associate a task with a device.

For example, if you have both a laptop and a desktop, you could decide that your laptop is purely for working and study, whereas your desktop is for enjoyment and entertainment. If you can stick to this distinction for at least a few weeks, eventually you'll be primed to do work whilst on your laptop and distracting thoughts that encourage you to browse the internet or play games won't even occur.

Habit will teach you that you should be working whilst you are on your laptop, allowing you to be more productive when you need to.

On the same vein, using digital devices only in certain rooms can help to form associations. If possible, perform your work-related digital tasks in an office, or room associated with a study.

You could use your lounge for any recreational uses of digital devices and keep all digital devices out of your bedroom. This way, your mind knows that you go into your office or study to work, you go into the lounge to have fun and when your mind needs a break from digital screens altogether, you can relax in your bedroom.

Read

One of the most prominent worries in the era of digital addiction is the lack of concentration and attention span that our digital devices cause. You can help recapture your attention by devoting some dedicated time to reading.

Reading naturally focuses and enhances your concentration and attention; your mind needs to weave together the meaning of large chunks of words and keep track of details such as character, narrative, story and setting, which trains your attention span.

Additionally, you need to force your eyes to focus on small text, but also move across the lines in a regular pattern or rhythm. It's worth pointing out that the human mind can read small lines or text nearly instantly; reading a small message on your phone is like reading a road sign – it doesn't stimulate your brain in the same way as a novel or article would.

What really makes reading such a great choice for developing attention is that unlike other methods of increasing your concentration, reading is generally pretty easy and enjoyable (you may even learn something too!).

Obviously, as part of a digital detox, it's necessary that you read from paper or a physical source, rather than a digital screen. It also helps if you read longer texts, such as quality newspaper articles or books, rather than short snippets, such as magazine columns.

Also, think carefully about the difficulty of the text you are reading. If your concentration is very scattered and limited, it might be best to try and read something simple and easy, such as a book aimed at young adults.

If your attention span is limited or decaying, but still somewhat passable, try a difficult or challenging text that forces you to pay attention. Whilst it might be taxing at first, eventually, your brain will start responding to the challenge and increase your concentration span thus.

Meditate

Another popular way of developing the concentration needed to change your habits and break your addiction is through meditation. There are many different styles and types of meditation, but concentration-based meditation usually focuses upon the inhalation and exhalation of the breath.

In a typical breath-meditation session, the practitioner sits in a comfortable, but alert position and focuses their attention on their breathing. If any thoughts or sensations arise, the practitioner should attempt to simply be aware of these sensations for a brief moment, then return to the pattern of breathing, without dwelling or brooding on the thoughts or sensations that arose.

Whilst some instructors advise that you should attempt some deep breathing exercises before the meditation session itself, most meditation teachers emphasize that you shouldn't attempt to control your breathing, but let it flow naturally.

The natural flow of breathing is a very good object to focus your attention on; it is constant, occurs without any effort and relaxes the mind. The pattern of your breathing also changes regularly, so it requires constant attention to stay focused.

For beginners, it is recommended that you meditate for periods of 15-20 minutes in length. During shorter meditation periods, you may not have enough time to develop a deep meditation, and during longer periods you may find yourself becoming uncomfortable, restless, or too mentally drained to keep your attention focused.

Mindfulness

On the same vein as meditation, making an effort to be mindful of your life can help you break your digital addiction.

Mindfulness is just being aware of the sensations and thoughts you are feeling in the current moment. It is the state of mind practiced during most forms of meditation, but you don't have to meditate in order to be mindful.

At any point in your day, simply taking 30 seconds to stop whatever you are doing and just be aware of your current sensations can go a long way towards helping you develop mindfulness.

Similarly, devoting some time to do *nothing* can help you learn to be mindful. We almost always have an objective at any point in time – go to work, make dinner, do the dishes, have a shower, talk to friends, etc.

Sectioning a period of your day without any objective or goal except just *to be* is a fantastic way to get in touch with your thoughts and sensations. Mindfulness is like a muscle and the more you train yourself to be mindful, the easier it will be to be mindful during the day.

Don't Put It Off

If you are reading this guide, you probably have some lingering concern about whether you suffer from digital addiction. You'd be surprised at just how many people share this concern, yet fail to do anything about it.

If you have any doubts about whether your relationship with your tech is healthy, just try a small digital detox. You have nothing to lose, but everything to gain! In the best case scenario, you will discover that a digital detox is incredibly easy for you and your relationship with tech are balanced and grounded.

In the worst case scenario, you realize just how dependent and hooked to your tech you actually are, which allows you to take steps to get yourself back on the right track.

Therefore, try a digital detox as soon as possible. Don't just consider it. Don't try it after the holidays, or 'next week'. Try it tomorrow or if the day is still young, try it today!

Learn!

If you truly are an addict, any digital detox you attempt will be a process involving a lot of trial and error. You might succeed in achieving the goals you establish for yourself, but you might also fail too.

In some sense, it's not important whether you achieve what you initially set out to do, but how much you learn from the experience. Consider, during and after your digital detox, the effects of the detox on your psyche. Are you happier? More alert? Do you have more free time, or find yourself doing hobbies you haven't done in years? You should try to observe and monitor the effects of your detox, as this will help guide your decisions in the future as well as your relationship with technology.

It is also important to try and be calm and positive about your detox, even if it doesn't go the way you want, you can always try another detox or another method to help break your addiction, but if you spiral into negativity and self-doubt, you may find yourself not wanting to. Keep your cool and if something doesn't work for you, shake it off and try again!

Conclusion

Awareness of digital addiction is growing, but awareness alone isn't enough. If you believe you or someone you know is falling prey to digital addiction, you must take steps to ensure it doesn't get out of control.

Even though digital addiction is widespread, its effects are subtle. Unlike the drug addict or alcoholic, the digital addict may not demonstrate any dramatic consequences as a result of their addiction.

Yet, the impact is still felt in waning attention spans, emotional dependence on tech and withdrawal symptoms when it isn't around. The digital addict may feel as if they are losing control, or missing out on the vividness and richness of life, only spending their time watching a screen.

This guide has covered the basics of digital addiction. By now you should be familiar with what addiction is and how digital addiction distinguishes itself from other types.

You should understand how the development of the modern era and the rise of technology has led to a growing addiction and dependence on tech amongst society, particularly the young.

Additionally, and perhaps most importantly, you should understand how and why people become addicted to their tech, including how digital devices and services are designed carefully by experts to encourage addiction and excessive use.

However, you should also realize that you can help break a digital addiction through a digital detox, using a wide array of different tricks and tips.

If you feel like you have lost control, there is hope and solutions on the horizon, you just have to know where to start! I hope this guide has helped to inform about digital addiction or help you battle any addictive tendencies you may have.

Preview of "ADRENAL FATIGUE: Combat Adrenal Fatigue Syndrome Naturally and Boost your Energy Levels for Good!"

Chapter 1: Adrenal Fatigue – What is it?

To put it very simply, Adrenal Fatigue Syndrome occurs when the adrenal glands are no longer able to cope with the amount of stress a person is under. It has existed just as long as we have. However, it is much more common today. The reason for this can be explained through the drastic changes on our lifestyles. We used to sleep more, eat healthier, not consume nearly as much caffeine and sugar, our stress levels were lower and the amount of toxins around us was significantly lower.

There are four (4) stages of adrenal fatigue. They are beginning the 'Alarm' phase, continuing the 'Alarm' phase, the 'Resistant' phase, and the 'Burnout' phase. During the first phase, the 'Alarm' phase, the body is reacting to an immediate threat. This could be something as extreme as a hospital stay or a divorce, or even something as simple as an interview. The body makes very large amounts of hormones during this stage. If any labs were conducted during this phase, the results would show elevated levels of several different hormones, such as insulin, DHEA, cortisol, norepinephrine and adrenaline. A person's body becomes much more aware and have an increase in arousal during this stage. It is very common that a person in this phase would not be able to sleep well. Usually, no one complains of any symptoms during this stage and many people will enter into this stage several times during their lives.

During the second stage, the continuing 'Alarm' phase, the person's body continuous to react to the stress that they are under. The endocrine system is still able to produce the hormones that the person needs but the levels of DHEA and sex hormones will begin to drop during this phase. The adrenal gland uses the same resources to produce stress hormones as it does to produce sex hormones. Therefore, the level of sex hormones begin to decrease all of the adrenal glands resources are being put towards producing stress hormones. It is during this stage that a person would begin to feel real effects of what they were going through. Many people being to develop an unhealthy addiction to coffee at this point. They will feel extremely wired but will be unable to calm down and go to sleep, regardless of how tired they may be.

During stage three, the 'Resistance' phase, people will continue to have a drop in different hormone levels. At this point they would still be able to function as far as being able to keep a job and perform their normal daily activities. However, they will begin to notice something really "just isn't right" with them. They will experience lack of enthusiasm, excessive tiredness, lower sex drive and even regular infections. Many people will confuse this stage with depression, seeing as many of the symptoms are also symptoms of depression and it is very well recognized, while adrenal fatigue is not. This phase can unfortunately, sometimes last for years.

During stage four, also known as the 'Burnout' phase, a person crashes after dealing with stress for such a long period of time. During this phase, an individual will suffer from weight loss, depression, anxiety, a disinterest in the world, apathy, irritability, lack of sex drive and extreme tiredness. At this point, the body will no longer be able to produce stress hormones. This means that sex hormones and stress hormones will drop significantly.

Symptoms

Since many doctors are not properly diagnosing their patients, many are being a lot proactive. They are doing the appropriate research, documenting their symptoms and self-diagnosing. There are many symptoms that are associated with adrenal fatigue. All of them will be listed, but the main concentration will be on the most common ones because there are so many of them. Some of the most common symptoms of adrenal fatigue include: difficulty getting up the morning, high levels of fatigue each day, the inability to handle stress, higher energy at night, craving salty food, and a weak immune system. Some of the other, less common symptoms are: allergies, respiratory complaints or asthma, dry skin, dizziness, dark circles under the eyes, joint pain, extreme tiredness after an hour long workout, frequent urination, lines in the fingertips, low blood sugar, low blood pressure, loss of muscle tone, lower back pain, low sex drive, weight gain, and numbness in the fingers or poor circulation.

If you enjoyed this preview, then please check it out and other titles by Jessica on Amazon.com!